सन्तोषी माँ पूजा

সন্তোষী মাঁ পূজা

Santoṣī Mām̐ Pūjā

By
स्वामी सत्यानन्द सरस्वती
Swami Satyananda Saraswati
and
श्री माँ
Shree Maa

Published By
Devi Mandir Publications

Santoṣī Māṁ Pūjā,

by Devi Mandir Publications
5950 Highway 128
Napa, CA 94558 USA
Communications: Phone and Fax 1-707-966-2802
E-Mail swamiji@shreemaa.org
Please visit us on the World Wide Web at
http://www.shreemaa.org/

ISBN 978-1-877795-09-1

Santoṣī Māṁ Pūjā,,
Swami Satyananda Saraswati, Shree Maa
1. Hindu Religion. 2. Worship. 3. Spirituality.
4. Philosophy. I. Saraswati, Swami Satyananda;
Saraswati, Shree Maa

देवता प्रणाम्
দেবতা প্রণাম্
devatā praṇām

श्रीमन्महागणाधिपतये नमः

শ্রী মন্মহাগণাধিপতয়ে নমঃ

śrīmanmahāgaṇādhipataye namaḥ

We bow to the Respected Great Lord of Wisdom.

लक्ष्मीनारायणाभ्यां नमः

লক্ষ্মীনারায়ণাভ্যাং নমঃ

lakṣmīnārāyaṇābhyāṁ namaḥ

We bow to Lakṣmī and Nārāyaṇa, The Goal of all Existence and the Perceiver of All.

उमामहेश्वराभ्यां नमः

উমামহেশ্বরাভ্যাং নমঃ

umāmaheśvarābhyāṁ namaḥ

We bow to Umā and Maheśvara, She who protects existence, and the Great Consciousness or Seer of All.

वाणीहिरण्यगर्भाभ्यां नमः

বাণীহিরণ্যগর্ভাভ্যাং নমঃ

vāṇīhiraṇyagarbhābhyāṁ namaḥ

We bow to Vāṇī and Hiraṇyagarbha, Sarasvatī and Brahmā, who create the cosmic existence.

शचीपुरन्दराभ्यां नमः

শচীপুরন্দরাভ্যাং নমঃ

śacīpurandarābhyāṁ namaḥ

We bow to Śacī and Purandara, Indra and his wife, who preside over all that is divine.

मातापितृभ्यां नमः

মাতাপিতৃভ্যাং নমঃ

mātāpitṛbhyāṁ namaḥ

We bow to the Mothers and Fathers.

इष्टदेवताभ्यो नमः

ইষ্টদেবতাভ্যো নমঃ

iṣṭadevatābhyo namaḥ

We bow to the chosen deity of worship.

कुलदेवताभ्यो नमः

কুলদেবতাভ্যো নমঃ

kuladevatābhyo namaḥ

We bow to the family deity of worship.

ग्रामदेवताभ्यो नमः

গ্রামদেবতাভ্যো নমঃ

grāmadevatābhyo namaḥ

We bow to the village deity of worship.

वास्तुदेवताभ्यो नमः

বাস্তুদেবতাভ্যো নমঃ

vāstudevatābhyo namaḥ

We bow to the particular household deity of worship.

स्थानदेवताभ्यो नमः

স্থানদেবতাভ্যো নমঃ

sthānadevatābhyo namaḥ

We bow to the established deity of worship.

सर्वेभ्यो देवेभ्यो नमः

সর্বেভ্যো দেবেভ্যো নমঃ

sarvebhyo devebhyo namaḥ

We bow to all the Gods.

सर्वेभ्यो ब्राह्मणेभ्यो नमः

সর্বেভ্যো ব্রাহ্মণেভ্যো নমঃ

sarvebhyo brāhmaṇebhyo namaḥ

We bow to all the Knowers of Divinity.

ॐ सन्तोषीमायै विद्महे सन्तोष प्रदायिन्यै धीमहि

तन्नो सन्तोषी माँ प्रचोदयात् ॐ ॥

ওঁ সন্তোষীমায়ৈ বিদ্মহে সন্তোষ প্রদায়িন্যৈ ধীমহি

তন্নো সন্তোষী মাঁ প্রচোদয়াত্ ওঁ ।।

oṁ santoṣīmāyai vidmahe santoṣ pradāyinyai dhīmahi

tanno santoṣī māṁ pracodyāt oṁ ||

Oṁ we meditate on Santoṣī Mā, we contemplate She who bestows satisfaction. May that Divine Mother who bestows satisfaction grant us increase.

ॐ अग्निर्ज्योतिर्ज्योतिरग्निः स्वाहा ।

सूर्यो ज्योतिर्ज्योतिः सूर्यः स्वाहा ।

अग्निर्वर्चो ज्योतिर्वर्चः स्वाहा ।

सूर्यो वर्चो ज्योतिर्वर्चः स्वाहा ।

ज्योतिः सूर्यः सूर्यो ज्योतिः स्वाहा ॥

ওঁ অগ্নির্জ্যোতির্জ্যোতিরগ্নিঃ স্বাহা । সূর্য্যো জ্যোতির্জ্যোতিঃ সূর্য্যঃ স্বাহা । অগ্নির্বর্চো জ্যোতির্বর্চঃ স্বাহা । সূর্য্যো বর্চো জ্যোতির্বর্চঃ স্বাহা । জ্যোতিঃ সূর্য্যঃ সূর্য্যো জ্যোতিঃ স্বাহা ।।

oṁ agnir jyotir jyotir agniḥ svāhā
sūryo jyotir jyotiḥ sūryaḥ svāhā
agnir varco jyotir varcaḥ svāhā
sūryo varco jyotir varcaḥ svāhā
jyotiḥ sūryaḥ sūryo jyotiḥ svāhā

Oṁ The Divine Fire is the Light, and the Light is the Divine Fire; I am One with God! The Light of Wisdom is the Light, and the Light is the Light of Wisdom; I am One with God! The Divine Fire is the offering, and the Light is the Offering; I am One with God! The Light of Wisdom is the Offering, and the Light is the Light of Wisdom; I am One with God!

(wave light)

ॐ अग्निर्ज्योती रविर्ज्योतिश्चन्द्रो ज्योतिस्तथैव च ।

ज्योतिषामुत्तमो देवी दीपोऽयं प्रतिगृह्यताम् ॥

एष दीपः ॐ ह्रीं सन्तोषीमायै नमः ॥

ওঁ অগ্নি জ্যোতি রবি জ্যোতিশ্চন্দ্র জ্যোতিস্তথৈব চ ।

জ্যোতিশম্মুত্তমো দেবী দীপো-য়ং প্রতিগৃহ্যতাম্ ।।

এষ দীপঃ ওঁ হ্রীং সন্তোষীমায়ৈ নমঃ ।।

oṁ agnirjyotī ravirjyotiścandro jyotistathaiva ca

jyotiṣāmuttamo devī dīpo-yaṁ pratigṛhyatām

eṣa dīpaḥ oṁ hrīṁ santoṣīmāyai namaḥ ||

Oṁ The Divine Fire is the Light, the Light of Wisdom is the Light, the Light of Devotion is the Light as well. The Light of the Highest Bliss, Oh Goddess, is in the Light that we offer, the Light that we request you to accept. With the offering of Light oṁ hrīṁ we bow to the Goddess of Satisfaction.

(wave incense)

ॐ वनस्पतिरसोत्पन्नो गन्धात्ययी गन्ध उत्तमः ।

आघ्रेयः सर्वदेवानां धूपोऽयं प्रतिगृह्यताम् ॥

एष धूपः ॐ ह्रीं सन्तोषीमायै नमः ॥

ওঁ বনস্পতিরসোৎপন্নো গন্ধ্যাত্যয়ী গন্ধ্য উত্তমঃ ।
আঘ্রেয়ঃ সর্বদেবানাং ধূপো-য়ং প্রতিগৃহ্যতাম্ ।।
এষ ধূপঃ ওঁ হ্রীং সন্তোষীমায়ৈ নমঃ ।।

oṁ vanaspatirasotpanno
gandhātyayī gandha uttamaḥ
āghreyaḥ sarvadevānāṁ dhūpo-yaṁ pratigṛhyatām
eṣa dhūpaḥ oṁ hrīṁ santoṣīmāyai namaḥ ||

Oṁ Spirit of the Forest, from you is produced the most excellent of scents. The scent most pleasing to all the Gods, that scent we request you to accept. With the offering of fragrant scent oṁ hrīṁ we bow to the Goddess of Satisfaction.

ārātrikam

ॐ चन्द्रादित्यौ च धरणी विद्युदग्निस्तथैव च ।
त्वमेव सर्वज्योतीषिं आरात्रिकं प्रतिगृह्यताम् ॥
ॐ ह्रीं सन्तोषीमायै नमः आरात्रिकं समर्पयामि ॥

ওঁ চন্দ্রাদিত্যৌ চ ধরণী বিদ্যুদগ্নিস্তথৈব চ ।
ত্বমেব সর্বজ্যোতীষিং আরাত্রিকং প্রতিগৃহ্যতাম্ ।।
ওঁ হ্রীং সন্তোষীমায়ৈ নমঃ আরাত্রিকং
সমর্পয়ামি ।।

oṁ candrādityau ca dharaṇī vidyudagnistathaiva ca
tvameva sarvajyotīṣiṁ ārātrikaṁ pratigṛhyatām
oṁ hrīṁ santoṣīmāyai namaḥ ārātrikaṁ
samarpayāmi

Oṁ All knowing as the Moon, the Sun and the Divine Fire, you alone are all light, and this light we request you to accept. With the offering of light oṁ hrīṁ we bow to the Goddess of Satisfaction.

ॐ पयः पृथिव्यां पय ओषधीषु

पयो दिव्यन्तरिक्षे पयो धाः ।

पयःस्वतीः प्रदिशः सन्तु मह्यम् ॥

ওঁ পয়ঃ পৃথিব্যাং পয় ঔষধীষু পয়ো দিব্যন্তরিক্ষে

পয়োধাঃ । পয়ঃ স্বতীঃ প্রদিশঃ সন্তু মহ্যম্ ।।

oṁ payaḥ pṛthivyāṁ paya oṣadhīṣu
payo divyantarikṣe payo dhāḥ
payaḥsvatīḥ pradiśaḥ santu mahyam

Oṁ Earth is a reservoir of nectar, all vegetation is a reservoir of nectar, the divine atmosphere is a reservoir of nectar, and also above. May all perceptions shine forth with the sweet taste of nectar for us.

ॐ अग्निर्देवता वातो देवता सूर्यो देवता चन्द्रमा देवता

वसवो देवता रुद्रो देवता ऽदित्या देवता मरुतो देवता विश्वे

देवा देवता बृहस्पतिर्देवतेन्द्रो देवता वरुणो देवता ॥

ওঁ অগ্নির্দেবতা বাতো দেবতা সূর্য্যো দেবতা চন্দ্রমা

দেবতা বসবো দেবতা রুদ্রো দেবতা-দিত্যা দেবতা

মরুতো দেবতা বিশ্বেদেবো দেবতা বৃহস্পতির্দেবতেন্দ্রো

দেবতা বরুণো দেবতা ।।

oṁ agnirdevatā vāto devatā sūryo devatā candramā
devatā vasavo devatā rudro devatā-dityā devatā
maruto devatā viśve devā devatā
bṛhaspatirdevatendro devatā varuṇo devatā

Oṁ The Divine Fire (Light of Purity) is the shining God, the Wind is the shining God, the Sun (Light of Wisdom) is the shining God, the Moon (Lord of Devotion) is the shining God, the Protectors of the Wealth are the shining Gods, the

Relievers of Sufferings are the shining Gods, the Sons of the Light are the shining Gods; the Emancipated seers (Maruts) are the shining Gods, the Universal Shining Gods are the shining Gods, the Guru of the Gods is the shining God, the Ruler of the Gods is the shining God, the Lord of Waters is the shining God.

ॐ भूर्भुवः स्वः ।

तत् सवितुर्वरेण्यम् भर्गो देवस्य धीमहि ।

धियो यो नः प्रचोदयात् ॥

ওঁ ভূর্ভুবঃ স্বঃ । তৎ সবিতুর্বরেণ্যম্ ভর্গো দেবস্য ধীমহি । ধিয়ো যো নঃ প্রচোদয়াৎ ।।

oṁ bhūr bhuvaḥ svaḥ
tat savitur vareṇyam bhargo devasya dhīmahi
dhiyo yo naḥ pracodayāt

Oṁ the Infinite Beyond Conception, the gross body, the subtle body and the causal body; we meditate on that Light of Wisdom that is the Supreme Wealth of the Gods. May it grant to us increase in our meditations.

ॐ भूः

ওঁ ভূঃ

oṁ bhūḥ

Oṁ the gross body

ॐ भुवः

ওঁ ভুবঃ

oṁ bhuvaḥ

Oṁ the subtle body

ॐ स्वः

ওঁ স্বঃ

oṁ svaḥ

Oṁ the causal body

ॐ महः

ওঁ মহঃ

oṁ mahaḥ

Oṁ the great body of existence

ॐ जनः

ওঁ জনঃ

oṁ janaḥ

Oṁ the body of knowledge

ॐ तपः

ওঁ তপঃ

oṁ tapaḥ

Oṁ the body of light

ॐ सत्यं

ওঁ সত্যং

oṁ satyaṁ

Oṁ the body of truth

ॐ तत् सवितुर्वरेण्यम् भर्गो देवस्य धीमहि ।
धियो यो नः प्रचोदयात् ॥

ওঁ তৎ সবিতুর্বরেণ্যম্ ভর্গো দেবস্য ধীমহি ।
ধিয়ো যো নঃ প্রচোদয়াৎ ।।

oṁ tat savitur vareṇyam bhargo devasya dhīmahi dhiyo yo naḥ pracodayāt

Oṁ we meditate on that Light of Wisdom that is the Supreme Wealth of the Gods. May it grant to us increase in our meditations.

ॐ आपो ज्योतीरसोमृतं ब्रह्म भूर्भुवस्स्वरोम् ॥

ওঁ আপো জ্যোতীরসোমৃতং ব্রহ্ম ভূর্ভুবস্স্বরোম্ ।।

oṁ āpo jyotīrasomṛtaṁ brahma bhūrbhuvassvarom

Oṁ May the divine waters luminous with the nectar of immortality of Supreme Divinity fill the earth, the atmosphere and the heavens.

ॐ मां माले महामाये सर्वशक्तिस्वरूपिणि ।

चतुर्वर्गस्त्वयि न्यस्तस्तस्मान्मे सिद्धिदा भव ॥

ওঁ মাং মালে মহামায়ে সর্বশক্তি স্বরূপিণি ।

চতুর্বর্গস্ত্বয়ি ন্যস্তস্তস্মান্মে সিদ্ধিদা ভব ।।

oṁ māṁ māle mahāmāye sarvaśaktisvarūpiṇi
catur vargas tvayi nyastas
tasmān me siddhidā bhava

Oṁ My Rosary, The Great Measurement of Consciousness, containing all energy within as your intrinsic nature, give to me the attainment of your Perfection, fulfilling the four objectives of life.

ॐ अविघ्नं कुरु माले त्वं गृह्णामि दक्षिणे करे ।

जपकाले च सिद्ध्यर्थं प्रसीद मम सिद्धये ॥

ওঁ অবিঘ্নং কুরু মালে ত্বং গৃহ্ণামি দক্ষিণে করে ।

জপকালে চ সিদ্ধ্যর্থং প্রসীদ মম সিদ্ধয়ে ।।

oṁ avighnaṁ kuru māle tvaṁ gṛhṇāmi dakṣiṇe kare japakāle ca siddhyarthaṁ prasīda mama siddhaye

Oṁ Rosary, You please remove all obstacles. I hold you in my right hand. At the time of recitation be pleased with me. Allow me to attain the Highest Perfection.

ॐ अक्षमालाधिपतये सुसिद्धिं देहि देहि सर्वमन्त्रार्थसाधिनि साधय साधय सर्वसिद्धिं परिकल्पय परिकल्पय मे स्वाहा ॥

ওঁ অক্ষমালাধিপতয়ে সুসিদ্ধিং দেহি দেহি সর্বমন্ত্রার্থসাধিনি সাধয় সাধয় সর্বসিদ্ধিং পরিকল্পয় পরিকল্পয় মে স্বাহা ।।

oṁ akṣa mālā dhipataye susiddhiṁ dehi dehi sarva mantrārtha sādhini sādhaya sādhaya sarva siddhiṁ parikalpaya parikalpaya me svāhā

Oṁ Rosary of rudrākṣa seeds, my Lord, give to me excellent attainment. Give to me, give to me. Illuminate the meanings of all mantras, illuminate, illuminate! Fashion me with all excellent attainments, fashion me! I am One with God!

एते गन्धपुष्पे ॐ गं गणपतये नमः

এতে গন্ধপুষ্পে ওঁ গং গণপতয়ে নমঃ

ete gandhapuṣpe oṁ gaṁ gaṇapataye namaḥ

With these scented flowers oṁ we bow to the Lord of Wisdom, the Lord of the Multitudes.

एते गन्धपुष्पे ॐ आदित्यादिनवग्रहेभ्यो नमः

এতে গন্ধপুষ্পে ওঁ আদিত্যাদি নবগ্রহেভ্যো নমঃ

ete gandhapuṣpe oṁ ādityādi navagrahebhyo namaḥ

With these scented flowers oṁ we bow to the Sun, the Light of Wisdom, along with the nine planets.

एते गन्धपुष्पे ॐ शिवादिपञ्चदेवताभ्यो नमः
এতে গন্ধপুষ্পে ওঁ শিবাদিপঞ্চদেবতাভ্যো নমঃ
ete gandhapuṣpe oṁ śivādipañcadevatābhyo namaḥ
With these scented flowers oṁ we bow to Śiva, the Consciousness of Infinite Goodness, along with the five primary deities (Śiva, Śakti, Viṣṇu, Gaṇeśa, Sūrya).

एते गन्धपुष्पे ॐ इन्द्रादिदशदिक्पालेभ्यो नमः
এতে গন্ধপুষ্পে ওঁ ইন্দ্রাদিদশদিক্পালেভ্যো নমঃ
ete gandhapuṣpe oṁ indrādi daśadikpālebhyo namaḥ
With these scented flowers oṁ we bow to Indra, the Ruler of the Pure, along with the Ten Protectors of the ten directions.

एते गन्धपुष्पे ॐ मत्स्यादिदशावतारेभ्यो नमः
এতে গন্ধপুষ্পে ওঁ মৎস্যাদিদশাবতারেভ্যো নমঃ
ete gandhapuṣpe oṁ matsyādi daśāvatārebhyo namaḥ
With these scented flowers oṁ we bow to Viṣṇu, the Fish, along with the Ten Incarnations that He assumed.

एते गन्धपुष्पे ॐ प्रजापतये नमः
এতে গন্ধপুষ্পে ওঁ প্রজাপতয়ে নমঃ
ete gandhapuṣpe oṁ prajāpataye namaḥ
With these scented flowers oṁ we bow to the Lord of All Created Beings.

एते गन्धपुष्पे ॐ नमो नारायणाय नमः
এতে গন্ধপুষ্পে ওঁ নমো নারায়ণায় নমঃ
ete gandhapuṣpe oṁ namo nārāyaṇāya namaḥ

With these scented flowers oṁ we bow to the Perfect Perception of Consciousness.

एते गन्धपुष्पे ॐ सर्वेभ्यो देवेभ्यो नमः
এতে গন্ধপুষ্পে ওঁ সর্বেভ্যো দেবেভ্যো নমঃ
ete gandhapuṣpe oṁ sarvebhyo devebhyo namaḥ
With these scented flowers oṁ we bow to All the Gods.

एते गन्धपुष्पे ॐ सर्वाभ्यो देवीभ्यो नमः
এতে গন্ধপুষ্পে ওঁ সর্বাভ্যো দেবীভ্যো নমঃ
ete gandhapuṣpe oṁ sarvābhyo devībhyo namaḥ
With these scented flowers oṁ we bow to All the Goddesses.

एते गन्धपुष्पे ॐ श्री गुरवे नमः
এতে গন্ধপুষ্পে ওঁ শ্রী গুরবে নমঃ
ete gandhapuṣpe oṁ śrī gurave namaḥ
With these scented flowers oṁ we bow to the Guru.

एते गन्धपुष्पे ॐ ब्राह्मणेभ्यो नमः
এতে গন্ধপুষ্পে ওঁ ব্রাহ্মণেভ্যো নমঃ
ete gandhapuṣpe oṁ brāhmaṇebhyo namaḥ
With these scented flowers oṁ we bow to All Knowers of Wisdom.

Recite while tying a piece of string around wrist.

ॐ कुशासने स्थितो ब्रह्मा कुशे चैव जनार्दनः ।
कुशे ह्याकाशवद् विष्णुः कुशासन नमोऽस्तु ते ॥
ওঁ কুশাসনে স্থিতো ব্রহ্মা কুশে চৈব জনার্দনঃ ।
কুশে হ্যাকাশবদ্ বিষ্ণুঃ কুশাসন নমো-স্তু তে ।।

oṁ kuśāsane sthito brahmā kuśe caiva janārdanaḥ
kuśe hyākāśavad viṣṇuḥ kuśāsana namo-stu te

Oṁ Brahmā is in the shining light (or kuśa grass), in the shining light resides Janārdana, the Lord of Beings. The Supreme all-pervading Consciousness, Viṣṇu, resides in the shining light. Oh Repository of the shining light, we bow down to you, the seat of kuśa grass.

आचमन

আচমন

ācamana

ॐ केशवाय नमः स्वाहा

ওঁ কেশবায় নমঃ স্বাহা

oṁ keśavāya namaḥ svāhā

Oṁ We bow to the one of beautiful hair.

ॐ माधवाय नमः स्वाहा

ওঁ মাধবায় নমঃ স্বাহা

oṁ mādhavāya namaḥ svāhā

Oṁ We bow to the one who is always sweet.

ॐ गोविन्दाय नमः स्वाहा

ওঁ গোবিন্দায় নমঃ স্বাহা

oṁ govindāya namaḥ svāhā

Oṁ We bow to He who is one-pointed light.

ॐ विष्णुः ॐ विष्णुः ॐ विष्णुः

ওঁ বিষ্ণুঃ ওঁ বিষ্ণুঃ ওঁ বিষ্ণুঃ

oṁ viṣṇuḥ oṁ viṣṇuḥ oṁ viṣṇuḥ

Oṁ Consciousness, oṁ Consciousness, oṁ Consciousness.

ॐ तत् विष्णोः परमं पदम् सदा पश्यन्ति सूरयः ।
दिवीव चक्षुराततम् ॥

ওঁ তৎ বিষ্ণোঃ পরমং পদম্ সদা পশ্যন্তি সূরয়ঃ ।
দিবীব চক্ষুরা ততম্ ।।

oṁ tat viṣṇoḥ paramaṁ padam
sadā paśyanti sūrayaḥ divīva cakṣurā tatam

Oṁ That Consciousness of the highest station, who always sees the Light of Wisdom, give us Divine Eyes.

ॐ तद् विप्र स पिपानोव जुविग्रन्सो सोमिन्द्रते ।
विष्णुः तत् परमं पदम् ॥

ওঁ তৎ বিপ্র স পিপানোব জুবিগ্রংসো সোমিন্দ্রতে ।
বিষ্ণুঃ তৎ পরমং পদম্ ।।

oṁ tad vipra sa pipānova juvigranso somindrate
viṣṇuḥ tat paramaṁ padam

Oṁ That twice-born teacher who is always thirsty for accepting the nectar of devotion, Oh Consciousness, you are in that highest station.

ॐ अपवित्रः पवित्रो वा सर्वावस्थां गतोऽपि वा ।
यः स्मरेत् पुण्डरीकाक्षं स बाह्याभ्यन्तरः शुचिः ॥

ওঁ অপবিত্রঃ পবিত্রো বা সর্বাবস্থাং গতো-পি বা ।
য়ঃ স্মরেৎ পুণ্ডরীকাক্ষং স বাহ্যাভ্যন্তরঃ শুচিঃ ।।

oṁ apavitraḥ pavitro vā sarvāvasthāṁ gato-pi vā
yaḥ smaret puṇḍarīkākṣaṁ
sa bāhyābhyantaraḥ śuciḥ

Oṁ The Impure and the Pure reside within all objects. Who remembers the lotus-eyed Consciousness is conveyed to radiant beauty.

ॐ सर्वमङ्गलमाङ्गल्यम् वरेण्यम् वरदं शुभं ।
नारायणं नमस्कृत्य सर्वकर्माणि कारयेत् ॥
ওঁ সর্বমঙ্গল মঙ্গল্যম্ বরেণ্যম্ বরদা শুভং ।
নারায়ণং নমস্কৃত্য সর্ব কর্মাণি কারয়েৎ ।।

oṁ sarva maṅgala māṅgalyam
vareṇyam varadaṁ śubhaṁ
nārāyaṇaṁ namaskṛtya sarvakarmāṇi kārayet

Oṁ All the Welfare of all Welfare, the highest blessing of Purity and Illumination, with the offering of respect we bow down to the Supreme Consciousness who is the actual performer of all action.

ॐ सूर्य्यश्चमेति मन्त्रस्य ब्रह्मा ऋषिः प्रकृतिश्छन्दः आपो
देवता आचमने विनियोगः ॥
ওঁ সূর্য্যশ্চমেতি মন্ত্রস্য ব্রহ্মা ঋষিঃ প্রকৃতিশ্ছন্দঃ
আপো দেবতা আচমনে বিনিয়োগঃ ।।

oṁ sūryyaścameti mantrasya brahmā ṛṣiḥ
prakṛtiśchandaḥ āpo devatā ācamane viniyogaḥ

Oṁ these are the mantras of the Light of Wisdom, the Creative Capacity is the Seer, Nature is the meter, the divine flow of waters is the deity, being applied in washing the hands and rinsing the mouth.

Draw the following yantra with some drops of water
and/or sandal paste at the front of your seat.
Place a flower on the bindu in the middle, while reciting:

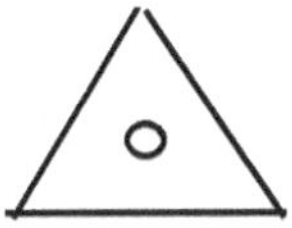

ॐ आसनस्य मन्त्रस्य मेरुपृष्ठ ऋषिः सुतलं छन्दः कूर्म्मो
देवता आसनोपवेशने विनियोगः ॥
ওঁ আসনস্যমন্ত্রস্য মেরুপৃষ্ঠ ঋষিঃ সুতলং ছন্দঃ কূর্ম্মো
দেবতা আসনোপবেশনে বিনিয়োগঃ ওঁ ।।

oṁ āsanasya mantrasya merupṛṣṭha ṛṣiḥ sutalaṁ chandaḥ kūrmmo devatā āsanopaveśane viniyogaḥ

Oṁ Introducing the mantras for the purification of the seat. The Seer is He whose back is Straight, the meter is of very beautiful form, the tortoise who supports the Earth is the deity. These mantras are applied to make the seat free from obstructions.

एते गन्धपुष्पे ॐ ह्रीं आधारशक्तये कमलासनाय नमः ॥
এতে গন্ধপুষ্পে ওঁ হ্রীং আধারশক্তয়ে কমলাসনায়
নমঃ ।।

ete gandhapuṣpe oṁ hrīṁ ādhāraśaktaye kamalāsanāya namaḥ

With these scented flowers oṁ hrīṁ we bow to the Primal Energy situated in this lotus seat.

ॐ पृथ्वि त्वया धृता लोका देवि त्वं विष्णुना धृता ।
त्वञ्च धारय मां नित्यं पवित्रं कुरु चासनम् ॥
ওঁ পৃথ্বি ত্বয়া ধৃতা লোকা দেবি ত্বং বিষ্ণুনা ধৃতা ।
ত্বঞ্চ ধারয় মাং নিত্যং পবিত্রং কুরু চাসনম্ ।।

oṁ pṛthvi tvayā dhṛtā lokā devi tvaṁ viṣṇunā dhṛtā tvañca dhāraya māṁ nityaṁ pavitraṁ kuru cāsanam

Oṁ Earth! You support the realms of the Goddess. You are supported by the Supreme Consciousness. Also bear me eternally and make pure this seat.

ॐ गुरुभ्यो नमः

ওঁ গুরুভ্যো নমঃ

oṁ gurubhyo namaḥ

Oṁ I bow to the Guru.

ॐ परमगुरुभ्यो नमः

ওঁ পরমগুরুভ্যো নমঃ

oṁ paramagurubhyo namaḥ

Oṁ I bow to the Guru's Guru.

ॐ परापरगुरुभ्यो नमः

ওঁ পরাপরগুরুভ্যো নমঃ

oṁ parāparagurubhyo namaḥ

Oṁ I bow to the Gurus of the lineage.

ॐ परमेष्ठिगुरुभ्यो नमः

ওঁ পরমেষ্ঠিগুরুভ্যো নমঃ

oṁ parameṣṭhigurubhyo namaḥ

Oṁ I bow to the Supreme Gurus.

ॐ गं गणेशाय नमः

ওঁ গং গণেশায় নমঃ

oṁ gaṁ gaṇeśāya namaḥ
Oṁ I bow to the Lord of Wisdom.

ॐ अनन्ताय नमः
ওঁ অনন্তায় নমঃ
oṁ anantāya namaḥ
Oṁ I bow to the Infinite One.

ॐ ऐं ह्रीं क्लीं चामुण्डायै विच्चे
ওঁ ঐং হ্রীং ক্লীং চামুণ্ডায়ৈ বিচ্চে
oṁ aiṁ hrīṁ klīṁ cāmuṇḍāyai vicce
Oṁ Creation, Circumstance, Transformation are known by Consciousness.

ॐ नमः शिवाय
ওঁ নমঃ শিবায়
oṁ namaḥ śivāya
Oṁ I bow to the Consciousness of Infinite Goodness.

ॐ ह्रीं सन्तोषीमायै नमः ॥
ওঁ হ্রীং সন্তোষীমায়ৈ নমঃ
oṁ hrīṁ santoṣīmāyai namaḥ ||
Oṁ hrīṁ we bow to Santoṣī Mā, the Divine Mother who bestows satisfaction.

Clap hands three times and snap fingers in the ten directions (N S E W NE SW NW SE UP DOWN) repeating

ॐ ह्रीं सन्तोषीमायै नमः ॥

ওঁ হ্রীং সন্তোষীমায়ৈ নমঃ

oṁ hrīṁ santoṣīmāyai namaḥ ||

oṁ hrīṁ we bow to the Goddess of Contentment.

सङ्कल्प

saṅkalpa

विष्णुः ॐ तत् सत् । ॐ अद्य जम्बूद्वीपे ( ) देशे ( ) प्रदेशे ( ) नगरे ( ) मन्दिरे ( ) मासे ( ) पक्षे ( ) तिथौ ( ) गोत्र श्री ( ) कृतैतत् श्रीसन्तोषीमाँ कामः पूजाकर्माहं करिष्ये ॥

বিষ্ণুঃ ওঁ তৎ সৎ । ওঁ অদ্য জম্বূদ্বীপে ( ) দেশে ( ) প্রদেশে ( ) নগরে ( ) মন্দিরে ( ) মাসে ( ) পক্ষে ( ) তিথৌ ( ) গোত্র শ্রী ( ) কৃতৈতৎ শ্রীসন্তোষীমাঁ কামঃ পূজা কর্মোহং করিষ্যে ।।

viṣṇuḥ oṁ tat sat oṁ adya jambūdvīpe (Country) deśe (State) pradeśe (City) nagare (Name of house or temple) mandire (month) māse (śukla or kṛṣṇa) pakṣe (name of day) tithau (name of) gotra śrī (your name) kṛtaitat śrī santoṣīmāṁ kāmaḥ pūjā karmāhaṁ kariṣye

The Consciousness Which Pervades All, oṁ That is Truth. Presently, on the Planet Earth, Country of (Name), State of (Name), City of (Name), in the Temple of (Name), (Name of Month) Month, (Bright or Dark) fortnight, (Name of Day) Day, (Name of Sādhu Family), Śrī (Your Name) is performing the worship for the satisfaction of the Respected Goddess of Satisfaction by reciting the Universal Worship.

ॐ यज्जाग्रतो दूरमुदेति दैवं तदु सुप्तस्य तथैवैति ।
दूरङ्गमं ज्योतिषां ज्योतिरेकं तन्मे मनः शिवसङ्कल्पमस्तु ॥
ওঁ যজ্জাগ্রতো দূরম্মুদেতি দৈবং তদ্দু সুপ্তস্য তথৈবৈতি ।
দূরঙ্গমং জ্যোতিষাং জ্যোতিরেকং তন্মে মনঃ
শিবসঙ্কল্পমস্তু ।।

oṁ yajjāgrato dūramudeti
daivaṁ tadu suptasya tathaivaiti
dūraṅgamaṁ jyotiṣāṁ jyotirekaṁ
tanme manaḥ śiva saṅkalpamastu

Oṁ May our waking consciousness replace pain and suffering with divinity as also our awareness when asleep. Far extending be our radiant aura of light, filling our minds with light. May that be the firm determination of the Consciousness of Infinite Goodness.

या गुङ्गूर्या सिनीवाली या राका या सरस्वती ।
इन्द्राणीमह्व ऊतये वरुणानीं स्वस्तये ॥
যা গুং গূজ্যা সিনীবালী যা রাকা সরস্বতী ।
ইন্দ্রাণীমহ্ব উতয়ে বরুণানীং স্বস্তয়ে ।।

yā guṅgūryā sinīvālī yā rākā yā sarasvatī
īndrāṇīmahva ūtaye varuṇānīṁ svastaye

May that Goddess who wears the Moon of Devotion protect the children of Devotion. May that Goddess of All-Pervading Knowledge protect us. May the Energy of the Rule of the Pure rise up. Oh Energy of Equilibrium grant us the highest prosperity.

ॐ स्वस्ति न इन्द्रो वृद्धश्रवाः स्वस्ति नः पूषा विश्ववेदाः ।

स्वस्ति नस्तार्क्ष्यो अरिष्टनेमिः स्वस्ति नो बृहस्पतिर्दधातु ॥

ওঁ স্বস্তি ন ইন্দ্রো বৃদ্ধশ্রবাঃ স্বস্তি নঃ পূষা বিশ্ববেদাঃ ।
স্বস্তি নস্তার্ক্ষ্যো অরিষ্টনেমিঃ স্বস্তি নো
বৃহস্পতির্দধাতু ।।

oṁ svasti na indro vṛddhaśravāḥ
svasti naḥ pūṣā viśvavedāḥ
svasti nastārkṣyo ariṣṭanemiḥ
svasti no bṛhaspatirdadhātu

Oṁ The Ultimate Prosperity to us, Oh Rule of the Pure, who perceives all that changes; the Ultimate Prosperity to us, Searchers for Truth, Knowers of the Universe; the Ultimate Prosperity to us, Oh Divine Being of Light, keep us safe; the Ultimate Prosperity to us, Oh Spirit of All-Pervading Delight, grant that to us.

ॐ गणानां त्वा गणपतिꣳ हवामहे

प्रियाणां त्वा प्रियपतिꣳ हवामहे

निधीनां त्वा निधिपतिꣳ हवामहे वसो मम ।

आहमजानि गर्ब्भधमा त्वमजासि गर्ब्भधम् ॥

ওঁ গণানাং ত্বা গণপতিং গুং হবামহে
প্রিয়ানাং ত্বা প্রিয়পতিং গুং হবামহে
নিধীনাং ত্বা নিধিপতিং গুং হবামহে বসো মম ।
আহমজানি গর্ভধমা ত্বমজাসি গর্ভধম্ ।।

oṁ gaṇānāṁ tvā gaṇapati guṁ havāmahe
priyāṇāṁ tvā priyapati guṁ havāmahe
nidhīnāṁ tvā nidhipati guṁ havāmahe vaso mama
āhamajāni garbbhadhamā tvamajāsi garbbhadham

Oṁ We invoke you with offerings, Oh Lord of the Multitudes; we invoke you with offerings, Oh Lord of Love; we invoke you with offerings, Oh Guardian of the Treasure. Sit within me, giving birth to the realm of the Gods within me; yes, giving birth to the realm of the Gods within me.

ॐ गणानां त्वा गणपतिꣳ हवामहे
कविं कवीनामुपमश्रवस्तमम् ।
ज्येष्ठराजं ब्रह्मणां ब्रह्मणस्पत
आ नः शृण्वन्नूतिभिः सीद सादनम् ॥
ওঁ গণানাং ত্বা গণপতিং গুং হবামহে
কবিমকবিনামুপমশ্রবস্তমম্ ।
জ্যেষ্ঠরাজং ব্রহ্মণাং ব্রহ্মণ্যস্পত
আ নঃ শৃণ্বন্নূতিভিঃ সীদ সাদনম্ ।।
oṁ gaṇānāṁ tvā gaṇapati guṁ havāmahe
kaviṁ kavīnāmupamaśravastamam
jyeṣṭharājaṁ brahmaṇāṁ brahmaṇaspata
ā naḥ śṛṇvannūtibhiḥ sīda sādanam

Oṁ We invoke you with offerings, Oh Lord of the Multitudes, Seer among Seers, of unspeakable grandeur. Oh Glorious King, Lord of the Knowers of Wisdom, come speedily hearing our supplications and graciously take your seat amidst our assembly.

ॐ अदितिर्द्यौरदितिरन्तरिक्षमदितिर्माता स पिता
स पुत्रः । विश्वे देवा अदितिः पञ्च जना
अदितिर्जातमदितिर्जनित्वम् ॥

ওঁ অদিতিদ্যৌরদিতিরন্তরিক্ষ--মদিতিমাতা স পিতা
স পুত্রঃ । বিশ্বেদেবা অদিতিঃ পঞ্চ জনা
অদিতির্জাতমদিতির্জনিত্বম্ ।।

oṁ aditir dyauraditirantarikṣamaditirmātā
sa pitā sa putraḥ
viśve devā aditiḥ pañca janā
aditirjātamaditirjanitvam

Oṁ The Mother of Enlightenment pervades the heavens; the Mother of Enlightenment pervades the atmosphere; the Mother of Enlightenment pervades Mother and Father and child. All Gods of the Universe are pervaded by the Mother, the five forms of living beings, all Life. The Mother of Enlightenment, She is to be known.

ॐ त्वं स्त्रीस्त्वं पुमानसि त्वं कुमार अत वा कुमारी ।
त्वं जिर्नो दण्डेन वञ्चसि त्वं जातो भवसि विश्वतोमुखः ॥

ওঁ ত্বং শ্রীস্ত্বং পুমনসি ত্বং কুমার অথবা কুমারী ।
ত্বং গির্নো বন্দেন বন্চসি ত্বং জাতো ভবসি
বিশ্বতোমুখা ।।

oṁ tvaṁ strīstvaṁ pumānasi
tvaṁ kumāra ata vā kumārī
tvaṁ jirno daṇḍena vañcasi
tvaṁ jāto bhavasi viśvatomukhaḥ

Oṁ You are Female, you are Male; you are a young boy, you are a young girl. You are the word of praise by which we are singing; you are all creation existing as the mouth of the universe.

ॐ श्रीश्च ते लक्ष्मीश्च पत्न्यावहोरात्रे पार्श्वे नक्षत्राणि

रूपमश्विनौ व्यात्तम्। इष्णं निषाणामुं म ऽइषाण सर्वलोकं

म ऽइषाण ॥

ওঁ শ্রীশ্চ তে লক্ষ্মীশ্চ পৎন্যাবহোরাত্রে পার্শ্বে নক্ষত্রাণি

রূপমশ্বিনৌ ব্যাত্তম্ । ইষ্ণং নিষাণামুং ম-ইষাণ

সর্বলোকং ম-ইষাণ ।।

oṁ śrīśca te lakṣmīśca patnyāvahorātre pārśve nakṣatrāṇi rūpamaśvinau vyāttam

iṣṇaṁ niṣāṇāmuṁ ma -iṣāṇa sarvalokaṁ ma-iṣāṇa

Oṁ the Highest Respect to you, Goal of all Existence, wife of the full and complete night (the Unknowable One), at whose sides are the stars, and who has the form of the relentless search for Truth. Oh Supreme Divinity, Supreme Divinity, my Supreme Divinity, all existence is my Supreme Divinity.

ॐ अम्बेऽम्बिकेऽम्बालिके न मा नयति कश्चन ।

ससस्त्यश्वकः सुभद्रिकां काम्पीलवासिनीम् ॥

ওঁ অম্বে-অম্বিকে-ম্বালিকে ন মা নয়তি কশ্চন ।

সসস্ত্যশ্বকঃ সুভদ্রিকাং কাম্পীলবাসিনীম্ ।।

oṁ ambe-mbike-mbālike na mā nayati kaścana

sasastyaśvakaḥ subhadrikāṁ kāmpīlavāsinīm

Oṁ Mother of the Perceivable Universe, Mother of the Conceivable Universe, Mother of the Universe of Intuitive Vision, lead me to that True Existence. As excellent crops (or grains) are harvested, so may I be taken to reside with the Infinite Consciousness.

ॐ शान्ता द्यौः शान्तापृथिवी शान्तमिदमुर्वन्तरिक्षम् ।

शान्ता उदन्वतिरापः शान्ताः नः शान्त्वोषधीः ॥

ওঁ শান্তা দ্যৌ শান্তাপৃথিবীং শান্তমূর্ধ্বমূর্বন্তরিক্ষম্ ।

শান্তমূর্ধ্বম্বতিরাপঃ শান্তাং নঃ শান্তোষধী ।।

oṁ śāntā dyauḥ śāntā pṛthivī śāntam idamurvantarikṣam

śāntā udanvatirāpaḥ śāntāḥ naḥ śāntvoṣadhīḥ

Oṁ Peace in the heavens, Peace on the earth, Peace upwards and permeating the atmosphere; Peace upwards, over, on all sides and further; Peace to us, Peace to all vegetation;

ॐ शान्तानि पूर्वरूपाणि शान्तं नोऽस्तु कृताकृतम् ।

शान्तं भूतं च भव्यं च सर्वमेव शमस्तु नः ॥

শান্তানি পূর্বরূপাণি শান্তং নো-স্তু কৃতাকৃতম্ ।

শান্তং ভূতং চ ভব্যং চ সর্বমেব সমস্তু নঃ ।।

oṁ śāntāni pūrva rūpāṇi śāntaṁ no-stu kṛtākṛtam

śāntaṁ bhūtaṁ ca bhavyaṁ ca

sarvameva śamastu naḥ

Oṁ Peace to all that has form, Peace to all causes and effects; Peace to all existence, and to all intensities of reality, including all and everything; Peace be to us.

ॐ पृथिवी शान्तिरन्तरिक्षं शान्तिर्द्यौः

शान्तिरापः शान्तिरोषधयः शान्तिः वनस्पतयः शान्तिर्विश्वे

मे देवाः शान्तिः सर्वे मे देवाः शान्तिर्ब्रह्म शान्तिरापः शान्तिः

सर्वं शान्तिरेधि शान्तिः शान्तिः सर्व शान्तिः सा मा शान्तिः

शान्तिभिः ॥

পৃথিবীং শান্তিরন্তরিক্ষং শান্তির্দ্যৌ । শান্তিরাপঃ শান্তিরোষধয়ঃ শান্তিঃ বনস্পতয়ঃ শান্তির্বিশ্বে মে দেবাঃ শান্তিঃ সর্বমেদেবাঃ শান্তির্ব্রহ্ম শান্তিরাপঃ শান্তি সর্ব শান্তিরেধি শান্তি শান্তিঃ সর্বশান্তি সা মা শান্তি শান্তিভিঃ ।।

oṁ pṛthivī śāntir antarikṣaṁ śāntir dyauḥ śāntir āpaḥ śāntir oṣadhayaḥ śāntiḥ vanaspatayaḥ śāntir viśve me devāḥ śāntiḥ sarve me devāḥ śāntir brahma śāntirāpaḥ śāntiḥ sarvaṁ śāntiredhi śāntiḥ śāntiḥ sarva śāntiḥ sā mā śāntiḥ śāntibhiḥ

Oṁ Let the earth be at Peace, the atmosphere be at Peace, the heavens be filled with Peace. Even further may Peace extend, Peace be to waters, Peace to all vegetation, Peace to All Gods of the Universe, Peace to All Gods within us, Peace to Creative Consciousness, Peace to Brilliant Light, Peace to All, Peace to Everything, Peace, Peace, altogether Peace, equally Peace, by means of Peace.

ताभिः शान्तिभिः सर्वशान्तिभिः समया मोहं यदिह घोरं यदिह क्रूरं यदिह पापं तच्छान्तं तच्छिवं सर्वमेव समस्तु नः ॥

তাভি শান্তিভি সর্ব শান্তিভি সময় মোহং য়ধিহ ঘোরং য়ধিহ ক্রূরং য়ধিহ পাপং তচ্ছান্তং তচ্ছ্বং সর্বমেব সমস্তু নঃ ।।

tābhiḥ śāntibhiḥ sarva śāntibhiḥ samayā mohaṁ yadiha ghoraṁ yadiha krūraṁ yadiha pāpaṁ tacchāntaṁ tacchivaṁ sarvameva samastu naḥ

Thus by means of Peace, altogether one with the means of Peace, Ignorance is eliminated, Violence is eradicated, Improper Conduct is eradicated, Confusion (sin) is eradicated, all that is, is at Peace, all that is perceived, each and everything, altogether for us,

ॐ शान्तिः शान्तिः शान्तिः ॥

ওঁ শান্তিঃ শান্তিঃ শান্তিঃ ।।

oṁ śāntiḥ śāntiḥ śāntiḥ

Oṁ Peace, Peace, Peace

गणेश पूजा
গণেশ পূজা
gaṇeśa pūjā
worship of gaṇeśa

ॐ विश्वेशं माधवं ढुण्ढिं दण्डपाणिं च भैरवम् ।
वन्दे काशीं गुहां गङ्गां भवानीं मणिकर्णिकाम् ॥
ওঁ বিশ্বেশং মাধবং ঢুণ্ডিং দণ্ডপাণিং চ ভৈরবম্ ।
বন্দে কাশীং গুহাং গঙ্গাং ভবানীং মণিকর্ণিকাম্ ।।
oṁ viśveśaṁ mādhavaṁ ḍhuṇḍhiṁ
daṇḍapāṇiṁ ca bhairavam
vande kāśīṁ guhāṁ gaṅgāṁ
bhavānīṁ maṇikarṇikām

Oṁ the Lord of the Universe, Lord Viṣṇu Mādhava, who holds the club in his hand and is fearless, worships He Who dwells in the cave at Benaris, who holds aloft the Gaṅgā, who is the Lord of the Universe, He who wears jeweled earrings.

gaṇeśa gāyatrī

ॐ तत् पुरुषाय विद्महे वक्रतुण्डाय धीमहि ।
तन्नो दन्ती प्रचोदयात् ॥
ওঁ তৎ পুরুষায় বিদ্মহে বক্রতুণ্ডায় ধীমহি ।
তন্নো দন্তীঃ প্রচোদয়াৎ ।।
oṁ tat puruṣāya vidmahe vakratuṇḍāya dhīmahi
tanno dantī pracodayāt

Oṁ we meditate on that Perfect Consciousness, we contemplate the One with a broken tooth. May that One with the Great Tusk grant us increase.

एते गन्धपुष्पे ॐ गं गणपतये नमः

এতে গন্ধপুষ্পে ওঁ গং গণপতয়ে নমঃ

ete gandhapuṣpe oṁ gaṁ gaṇapataye namaḥ

With these scented flowers oṁ we bow to the Lord of Wisdom, Lord of the Multitudes.

gaṇeśa dhyānam

meditation

ॐ सुमुखश्चैकदन्तश्च कपिलो गजकर्णकः ।

लम्बोदरश्च विकटो विघ्ननाशो विनायकः ॥

ওঁ সুমুখশ্চৈক দন্তশ্চ কপিলো গজকর্ণকঃ ।

লম্বোদরশ্চ বিকটো বিঘ্ননাশো বিনায়কঃ ।।

oṁ sumukhaścaika dantaśca kapilo gaja karṇakaḥ
lambodaraśca vikaṭo vighnanāśo vināyakaḥ

Oṁ He has a beautiful face with only one tooth (or tusk), of red color with elephant ears; with a big belly and a great tooth he destroys all obstacles. He is the Remover of Obstacles.

धूम्रकेतुर्गणाध्यक्षो भालचन्द्रो गजाननः ।

द्वादशैतानि नामानि यः पठेच्छृणुयादपि ॥

ধূম্রকেতুর্গণাধ্যক্ষো ভালচন্দ্রো গজাননঃ ।

দ্বাদশৈতানি নামানি যঃ পঠেচ্ছৃণুয়াদপি ।।

dhūmraketurgaṇādhyakṣo bhāla candro gajānanaḥ
dvādaśaitāni nāmāni yaḥ paṭhecchṛṇu yādapi

With a grey banner, the living spirit of the multitudes, having the moon on his forehead, with an elephant's face. Whoever will recite or listen to these twelve names

विद्यारम्भे विवाहे च प्रवेशे निर्गमे तथा ।
संग्रामे संकटे चैव विघ्नस्तस्य न जायते ॥
বিদ্যারম্ভে বিবাহে চ প্রবেশে নির্গমে তথা ।
সংগ্রামে সংকটে চৈব বিঘ্নস্তস্য ন জায়তে ।।
vidyārambhe vivāhe ca praveśe nirgame tathā
saṁgrāme saṁkate caiva vighnastasya na jāyate
at the time of commencing studies, getting married, or on entering or leaving any place; on a battlefield of war, or in any difficulty, will overcome all obstacles.

शुक्लाम्बरधरं देवं शशिवर्णं चतुर्भुजम् ।
प्रसन्नवदनं ध्यायेत् सर्वविघ्नोपशान्तये ॥
শুক্লাম্বরধরং দেবং শশিবর্ণং চতুর্ভুজম্ ।
প্রসন্নবদনং ধ্যায়েৎ সর্ববিঘ্নোপশান্তয়ে ।।
śuklāmbaradharaṁ devaṁ śaśivarṇaṁ caturbhujam
prasannavadanaṁ dhyāyet sarvavighnopaśāntaye
Wearing a white cloth, the God has the color of the moon and four arms. That most pleasing countenance is meditated on who gives peace to all difficulties.

अभीप्सितार्थसिद्ध्यर्थं पूजितो यः सुरासुरैः ।
सर्वविघ्नहरस् तस्मै गणाधिपतये नमः ॥
অভীপ্সিতার্থ সিদ্ধ্যর্থ পূজিতো য়ঃ সুরাসুরঃ ।
সর্ববিঘ্ন হরস্ তস্মৈ গণাধিপতয়ে নমঃ ।।
abhīpsitārtha siddhyarthaṁ pūjito yaḥ surā suraiḥ
sarvavighna haras tasmai gaṇādhipataye namaḥ

For gaining the desired objective, or for the attainment of perfection, he is worshipped by the Forces of Union and the Forces of Division alike. He takes away all difficulties, and therefore, we bow down in reverance to the Lord of the Multitudes.

मल्लिकादि सुगन्धीनि मालित्यादीनि वै प्रभो ।
मयाऽहृतानि पूजार्थं पुष्पाणि प्रतिगृह्यताम् ॥
মল্লিকাদি সুগন্ধীনি মালিত্যাদীনি বৈ প্রভো ।
ময়া-হৃতানি পূজার্থং পুষ্পাণি প্রতিগৃহ্যতাম্ ।।
mallikādi sugandhīni mālityādīni vai prabho
mayā-hṛtāni pūjārthaṁ puṣpāṇi pratigṛhyatām

Various flowers, such as mallikā and others of excellent scent, are being offered to you, Our Lord. All these flowers have come from the devotion of our hearts for your worship. Please accept them.

एते गन्धपुष्पे ॐ गं गणपतये नमः
এতে গন্ধপুষ্পে ওঁ গং গণপতয়ে নমঃ
ete gandhapuṣpe oṁ gaṁ gaṇapataye namaḥ

With these scented flowers oṁ we bow to the Lord of Wisdom, the Lord of the Multitudes.

वक्रतुण्ड महाकाय सूर्यकोटिसमप्रभ ।
अविघ्नं कुरु मे देव सर्वकार्येषु सर्वदा ॥
বক্রতুণ্ড মহাকায় সূর্য্যকোটি সমপ্রভঃ ।
অবিঘ্নং কুরু মে দেব সর্ব কার্যেষু সর্বদা ।।
vakratuṇḍa mahākāya sūrya koṭi samaprabha
avighnaṁ kuru me deva sarva kāryeṣu sarvadā

With a broken (or bent) tusk, a great body shining like a million suns, make us free from all obstacles, Oh God. Always remain (with us) in all actions.

एकदन्तं महाकायं लम्बोदरं गजाननम् ।
विघ्ननाशकरं देवं हेरम्बं प्रणामाम्यहम् ॥
একদন্তং মহাকায়ং লম্বোদরং গজাননম্ ।
বিঘ্ননাশকরং দেবং হেরম্বং প্রনমাম্যহম্ ।।
ekadantaṁ mahākāyaṁ lambodaraṁ gajānanam
vighnanāśakaraṁ devaṁ
herambaṁ praṇāmāmyaham

With one tooth, a great body, a big belly and an elephant's face, he is the God who destroys all obstacles to whom we are bowing down with devotion.

puṇyā havācana, svasti vācana

proclamation of merits and eternal blessings

ॐ शान्तिरस्तु
ওঁ শান্তিরস্তু
oṁ śāntirastu

Oṁ Peace be unto you.

ॐ पुष्टिरस्तु
ওঁ পুষ্টিরস্তু
oṁ puṣṭirastu

Oṁ Increase (Nourishment) be unto you.

ॐ तुष्टिरस्तु
ওঁ তুষ্টিরস্তু
oṁ tuṣṭirastu
Oṁ Satisfaction be unto you.

ॐ वृद्धिरस्तु
ওঁ বৃদ্ধিরস্তু
oṁ vṛddhirastu
Oṁ Positive Change be unto you.

ॐ अविघ्नमस्तु
ওঁ অবিঘ্নমস্তু
oṁ avighnamastu
Oṁ Freedom from Obstacles be unto you.

ॐ आयुष्यमस्तु
ওঁ আয়ুষ্যমস্তু
oṁ āyuṣyamastu
Oṁ Life be unto you.

ॐ आरोग्यमस्तु
ওঁ আরোগ্যমস্তু
oṁ ārogyamastu
Oṁ Freedom from Disease be unto you.

ॐ शिवमस्तु
ওঁ শিবমস্তু
oṁ śivamastu
Oṁ Consciousness of Infinite Goodness be unto you.

ॐ शिवकर्माऽस्तु

ওঁ শিবংকর্মা-স্তু

oṁ śivakarmā-stu

Oṁ Consciousness of Infinite Goodness in all action be unto you.

ॐ कर्मसमृद्धिरस्तु

ওঁ কর্মসমৃদ্ধিরস্তু

oṁ karmasamṛddhirastu

Oṁ Progress (Increase) in all action be unto you.

ॐ धर्मसमृद्धिरस्तु

ওঁ ধর্মসমৃদ্ধিরস্তু

oṁ dharmasamṛddhirastu

Oṁ Progress (Increase)in all Ways of Truth be unto you.

ॐ वेदसमृद्धिरस्तु

ওঁ বেদসমৃদ্ধিরস্তু

oṁ vedasamṛddhirastu

Oṁ Progress (Increase) in all Knowledge be unto you.

ॐ शास्त्रसमृद्धिरस्तु

ওঁ শাস্ত্রসমৃদ্ধিরস্তু

oṁ śāstrasamṛddhirastu

Oṁ Progress (Increase) in Scriptures be unto you.

ॐ धन-धान्यसमृद्धिरस्तु

ওঁ ধনধান্যসমৃদ্ধিরস্তু

oṁ dhana-dhānyasamṛddhirastu

Oṁ Progress (Increase) in Wealth and Grains be unto you.

ॐ इष्टसम्पदस्तु

ওঁ ইষ্টসম্পদস্তু

oṁ iṣṭasampadastu

Oṁ May your beloved deity be your wealth.

ॐ अरिष्टनिरसनमस्तु

ওঁ অরিষ্টনিরসনমস্তু

oṁ ariṣṭanirasanamastu

Oṁ May you remain safe and secure, without any fear.

ॐ यत्पापं रोगमशुभमकल्याणं तद्दूरे प्रतिहतमस्तु

ওঁ যৎ পাপং রোগমশুভমকল্যাণং তদ্দূরে প্রতিহতমস্তু

oṁ yatpāpaṁ rogamaśubhamakalyāṇaṁ taddūre pratihatamastu

Oṁ May sin, sickness, impurity and that which is not conducive unto welfare leave from you.

sāmānyārghya

purification of water

Draw the following yantra on the plate or space for worship with sandal paste and/or water. Offer rice on the yantra for each of the four mantras:

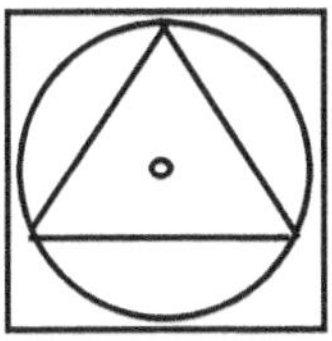

ॐ आधारशक्तये नमः

ওঁ আধারশক্তয়ে নমঃ

oṁ ādhāra śaktaye namaḥ

Oṁ we bow to the Primal Energy

ॐ कूर्म्माय नमः

ওঁ কূর্ম্মায় নমঃ

oṁ kūrmmāya namaḥ

Oṁ we bow to the Support of the Earth

ॐ अनन्ताय नमः

ওঁ অনন্তায় নমঃ

oṁ anantāya namaḥ

Oṁ we bow to Infinity

ॐ पृथिव्यै नमः

ওঁ পৃথিব্যৈ নমঃ

oṁ pṛthivyai namaḥ

Oṁ we bow to the Earth

Place an empty water pot on the bindu in the center of the yantra while saying Phaṭ in this mantra:

स्थां स्थीं स्थिरो भव फट्

স্থাং স্থীং স্থীরো ভব ফট্

sthāṁ sthīṁ sthiro bhava phaṭ

Be Still in the Gross Body! Be Still in the Subtle Body! Be Still in the Causal Body! Purify!

Fill the pot with water while chanting the mantra:

ॐ गङ्गे च जमुने चैव गोदावरि सरस्वति ।

नर्मदे सिन्धु कावेरि जलेऽस्मिन् सन्निधिं कुरु ॥

ওঁ গঙ্গে চ যমুনে চৈব গোদাবরি সরস্বতি ।

নর্মদে সিন্ধুকাবেরি জলে-স্মিন্ সন্নিধিং কুরু ।।

oṁ gaṅge ca jamune caiva godāvari sarasvati
narmade sindhu kāveri jale-smin sannidhiṁ kuru

Oṁ the Ganges, Jamunā, Godāvarī, Sarasvatī, Narmadā, Sindhu, Kāverī, these waters are mingled together.

The Ganges is the Iḍā, the Jamunā is the Piṅgalā, the other five rivers are the five senses. The land of the seven rivers is within the body as well as outside.

Offer Tulasī leaves into the water

ॐ ऐं ह्रीं क्लीं श्रीं वृन्दावनवासिन्यै स्वाहा

ওঁ ঐং হ্রীং ক্লীং শ্রীং বৃন্দাবনবাসিন্যৈ স্বাহা ।।

oṁ aiṁ hrīṁ klīṁ śrīṁ vṛndāvanavāsinyai svāhā

Oṁ Wisdom, Māyā, Increase, to She who resides in Vṛndāvana, I am One with God!

Offer three flowers into the water pot with these mantras:

एते गन्धपुष्पे ॐ अं अर्कमण्डलाय द्वादशकलात्मने नमः

এতে গন্ধপুষ্পে ওঁ অং অর্কমণ্ডলায় দ্বাদশকলাত্মনে নমঃ

ete gandhapuṣpe oṁ aṁ arkamaṇḍalāya dvādaśakalātmane namaḥ

With these scented flowers oṁ "A" we bow to the twelve aspects of the realm of the sun: Tapinī, Tāpinī, Dhūmrā, Marīci, Jvālinī, Ruci, Sudhūmrā, Bhoga-dā, Viśvā, Bodhinī, Dhārinī, Kṣamā; Containing Heat, Emanating Heat, Smoky, Ray-producing, Burning, Lustrous, Purple or Smoky-Red, Granting Enjoyment, Universal, Which makes known, Productive of Consciousness, Which Supports, Which Forgives.

एते गन्धपुष्पे ॐ उं सोममण्डलाय षोडशकलात्मने नमः

এতে গন্ধপুষ্পে ওঁ উং সোমমণ্ডলায় ষোড়শকলাত্মনে নমঃ

ete gandhapuṣpe oṁ uṁ somamaṇḍalāya ṣoḍaśakalātmane namaḥ

With these scented flowers oṁ "U" we bow to the sixteen aspects of the realm of the moon: Amṛtā, Prāṇadā, Puṣā, Tuṣṭi, Puṣṭi, Rati, Dhṛti, Śaśinī, Candrikā, Kānti, Jyotsnā, Śrī, Prīti, Aṅgadā, Pūrṇā, Pūrṇāmṛtā; Nectar, Which Sustains life, Which Supports, Satisfying, Nourishing, Playful, Constant, Unfailing, Producer of Joy, Beauty Enhanced by Love, Light, Grantor of Prosperity, Affectionate, Purifying the Body, Complete, Full of Bliss.

एते गन्धपुष्पे ॐ मं वह्निमण्डलाय दशकलात्मने नमः

এতে গন্ধপুষ্পে ওঁ মং বহ্নিমণ্ডলায় দশকলাত্মনে নমঃ

ete gandhapuṣpe oṁ maṁ vahnimaṇḍalāya daśakalātmane namaḥ

With these scented flowers oṁ "M" we bow to the ten aspects of the realm of fire: Dhūmrā, Arciḥ, Jvalinī, Śūkṣmā, Jvālinī, Visphuliṅginī, Suśrī, Surūpā, Kapilā, Havya-Kavya-Vahā; Smoky-Red, Flaming, Shining, Subtle, Burning, Sparkling, Beautiful, Well-Formed, Tawny, the Messenger to Gods and the Ancestors.

Wave hands in matsyā, dhenu and aṅkuśa mudrās while chanting this mantra:

ॐ गङ्गे च जमुने चैव गोदावरि सरस्वति ।
नर्मदे सिन्धु कावेरि जलेऽस्मिन् सन्निधिं कुरु ॥

ওঁ গঙ্গে চ যমুনে চৈব গোদাবরি সরস্বতি ।
নর্মদে সিন্ধুকাবেরি জলে-স্মিন্ সন্নিধিং কুরু ।।

oṁ gaṅge ca jamune caiva godāvari sarasvati
narmade sindhu kāveri jale-smin sannidhiṁ kuru

Oṁ the Ganges, Jamunā, Godāvarī, Sarasvatī, Narmadā, Sindhu, Kāverī, these waters are mingled together.

ॐ ह्रीं सन्तोषीमायै नमः

ওঁ হ্রীং সন্তোষীমায়ৈ নমঃ

oṁ hrīṁ santoṣīmāyai namaḥ

oṁ hrīṁ we bow to Santoṣī Mā, the Divine Mother who bestows satisfaction. 10 Times

Sprinkle water over all the articles to be offered,
then throw some drops of water over your
shoulders while repeating the mantra:

अमृताम् कुरु स्वाहा

অমৃতাম্ কুরু স্বাহা

amṛtām kuru svāhā

Make this immortal nectar! I am One with God!

puṣpa śuddhi

purification of the flowers
Wave hands over flowers with prārthanā mudrā
while chanting the first line and with dhenu mudrā
while chanting the second line of this mantra:

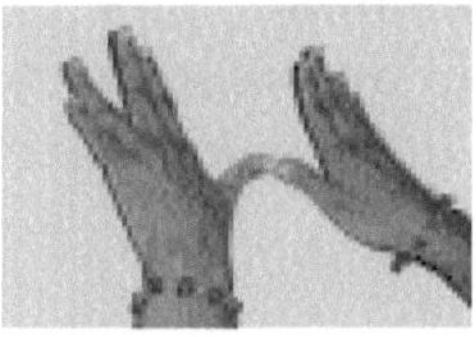

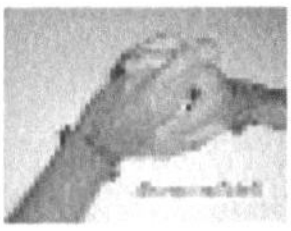

ॐ पुष्प पुष्प महापुष्प सुपुष्प पुष्पसम्भवे ।
पुष्पचयावकीर्णे च हुं फट् स्वाहा ॥

ওঁ পুষ্প পুষ্প মহাপুষ্প সুপুষ্প পুষ্প সম্ভবে ।
পুষ্প চয়াবকীর্ণে চ হুং ফট্ স্বাহা ।।

oṁ puṣpa puṣpa mahāpuṣpa
supuṣpa puṣpa sambhave
puṣpa cayāvakīrṇe ca huṁ phaṭ svāhā

Oṁ Flowers, flowers, oh Great Flowers, excellent flowers; flowers in heaps and scattered about, cut the ego, purify, I am One with God!

kara śuddhi

purification of the hands

ॐ ऐं रं अस्त्राय फट्

ওঁ ঐং রং অস্ত্রায় ফট্

oṁ aiṁ raṁ astrāya phaṭ

Oṁ Wisdom, the divine fire, with the weapon, Purify !

ॐ सन्तोषीमायै विद्महे सन्तोष प्रदायिन्यै धीमहि
तन्नो सन्तोषी माँ प्रचोदयात् ॐ ॥

**ওঁ সন্তোষীমায়ৈ বিদ্মহে সন্তোষ প্রদায়িন্যৈ ধীমহি
তন্নো সন্তোষী মাঁ প্রচোদয়াত্ ওঁ ।।**

**oṁ santoṣīmāyai vidmahe santoṣ pradāyinyai dhīmahi
tanno santoṣī māṁ pracodyāt oṁ ||**

Oṁ we meditate on Santoṣī Mā, we contemplate She who bestows satisfaction. May that Divine Mother who bestows satisfaction grant us increase.

ध्यानम्

ধ্যানম্

Dhyānam

ॐ पद्मासनस्थिते देवि परब्रह्मस्वरूपिणि
वाम हस्थे त्रिशूलं च कृपा पात्रं प्रदायिनी ।
दक्षिण हस्थे खड्गं च वराभय दायकम्
सन्तोषी मा वन्दे त्वं मातरं प्रणमाम्यहम् ॥

ওঁ পদ্মাসনস্থিতে দেবি পরব্রহ্মস্বরূপিণি
বাম হস্থে ত্রিশূলং চ কৃপা পাত্রং প্রদায়িনী ।
দক্ষিণ হস্থে খঙ্গং চ বরাভয় দায়কম্
সন্তোষী মা বন্দে ত্বং মাতরং প্রণমাম্যহম্ ।।

oṁ padmāsanasthite devi parabrahmasvarūpiṇi
vāma hasthe triśūlaṁ ca kṛpā pātraṁ pradāyinī |
dakṣiṇa hasthe khaṅgaṁ ca varābhaya dāyakam
santoṣī mā vande tvaṁ mātaraṁ praṇamāmyaham ||

Oṁ The Goddess, who the intrinsic nature of Supreme Divinity, is seated on a lotus. In Her left hands She holds a trident and a vessel filled with grace. In Her right hands She holds a sword and gives the blessing of freedon from fear. I extol you, Goddess Santoṣī Mā, and bow to She who is your own Mother.

kalaśa sthāpana

establishment of the pot

touch the earth

ॐ भूरसि भूमिरस्यदितिरसि विश्वधारा
विश्वस्य भुवनस्य धर्त्री ।
पृथिवीं यच्छ पृथिवीं दृंह पृथिवीं मा हिंसीः ॥
ওঁ ভূরসি ভূমিরস্যদিতি-রসি বিশ্বধারা
বিশ্বস্য ভূবনস্য ধর্ত্রী ।
পৃথিবীং যচ্ছ পৃথিবীং দৃংহ পৃথিবীং মা হিংসীঃ ।।

oṁ bhūrasi bhūmirasyaditirasi viśvadhārā
viśvasya bhuvanasya dhartrī
pṛthivīṁ yaccha pṛthivīṁ dṛṁha pṛthivīṁ mā hiṁsīḥ

Oṁ You are the object of sensory perception; you are the Goddess who distributes the forms of the earth. You are the Producer of the Universe, the Support of all existing things in the universe. Control (or sustain) the earth, firmly establish the earth, make the earth efficient in its motion.

offer rice where you touched earth

ॐ धान्यमसि धिनुहि देवान् धिनुहि यज्ञं ।
धिनुहि यज्ञपतिं धिनुहि मां यज्ञन्यम् ॥
ওঁ ধান্যমসি ধিনুহি দেবান্ ধিনুহি যজ্ঞং ।
ধিনুহি যজ্ঞপতিং ধিনুহি মাং যজ্ঞন্যম্ ।।

oṁ dhānyamasi dhinuhi devān dhinuhi yajñaṁ
dhinuhi yajñapatiṁ dhinuhi māṁ yajñanyam

Oṁ You are the grains that satisfy and gladden the Gods, gladden the sacrifice, gladden the Lord of Sacrifice. Bring satisfaction to us through sacrifice.

place the pot on the rice

ॐ आजिग्घ्र कलशं मह्या त्वा विशन्त्विन्दवः ।
पुनरूर्ज्जा निवर्तस्व सा नः सहस्रं धुक्क्ष्वोरुधारा पयस्वती
पुनर्म्मा विशताद्द्रयिः ॥

ওঁ আজিগ্‌ঘ্র কলশং মহ্যা ত্বা বিশন্ত্বিন্দবঃ ।
পুনরূর্জ্জা নিবর্তস্ব সা নঃ সহস্রং ধুক্ষ্বোরুধারা
পয়স্বতী পুনর্ম্মাবিশতাদ্দ্রয়িঃ ।।

oṁ ājigghra kalaśaṁ mahyā tvā viśantvindavaḥ punarūrjjā nivartasva sā naḥ sahasraṁ dhukkṣvorudhārā payasvatī punarmmāviśatāddrayiḥ

Oṁ Cause the effulgent fire of perception to enter into your highly honored container for renewed nourishment. Remaining there, let it increase in thousands, so that upon removal, abounding in spotlessly pure strength, it may come flowing into us.

pour water into the pot

ॐ वरुणस्योत्तम्भनमसि वरुणस्य स्कम्भसर्ज्जनी स्थो ।
वरुणस्य ऋतसदन्न्यसि । वरुणस्य ऋतसदनमसि ।
वरुणस्य ऋतसदनमासीद ॥

ওঁ বরুণস্যোত্তম্ভনমসি বরুণস্য স্কম্ভসর্জ্জনী স্থো ।
বরুণস্য-ঋতসদন্ন্যসি । বরুণস্য-ঋতসদনমসি ।
বরুণস্য-ঋতসদনমাসীদ ।।

oṁ varuṇasyottambhanamasi varuṇasya skambhasarjjanī stho varuṇasya ṛtasadannyasi varuṇasya ṛtasadanamasi varuṇasya ṛtasadanamāsīda

Oṁ You, Waters, are declared the Ultimate of waters established in all creation begotten, abiding in waters as the eternal law of truth; always abiding in waters as the eternal law of truth, and forever abiding in waters as the eternal law of truth.

place wealth into the pot

ॐ धन्वना गा धन्वनाजिं जयेम

धन्वना तीव्राः समद्रो जयेम ।

धनुः शत्रोरपकामं कृणोति धन्वना सर्वाः प्रदिशो जयेम ॥

ওঁ ধন্বনা গা ধন্বনাজিং জয়েম

ধন্বনা তীব্রাঃ সমদ্রো জয়েম ।

ধনুঃ শত্রোরপকামং কৃণোতি

ধন্বনা সর্বাঃ প্রদিশো জয়েম ।।

oṁ dhanvanā gā dhanvanājiṁ jayema

dhanvanā tīvrāḥ samadro jayema

dhanuḥ śatrorapakāmaṁ kṛṇoti

dhanvanā sarvāḥ pradiśo jayema

Oṁ Let wealth, even abundance, be victorious. Let wealth be sufficient as to be victorious over the severe ocean of existence. Like a bow to keep us safe from the enemies of desire, let that wealth be victorious to illuminate all.

place fruit on top of the pot

ॐ याः फलिनीर्याऽफलाऽअपुष्पाऽयाश्च पुष्पिणीः ।

बृहस्पतिप्रसूतास्ता नो मुञ्चन्त्वंहसः ॥

ওঁ যাঃ ফলিনীর্য়া-ফলা-অপুষ্পা-য়াশ্চ পুষ্পিণীঃ ।

বৃহস্পতিপ্রসূতাস্তা নো মুঞ্চন্ত্বংহসঃ ।।

oṁ yāḥ phalinīryā-phalā-apuṣpā-yāśca puṣpiṇīḥ bṛhaspatiprasūtāstā no muñcantvaṁhasaḥ

Oṁ That which bears fruit and that which bears no fruit; that without flowers and that with flowers as well. To we who exist born of the Lord of the Vast, set us FREE! ALL THIS IS GOD!

put red powder on the fruit

ॐ सिन्धोरिव प्राध्वने शूघनासो वातप्रमियः पतयन्ति यह्वाः । घृतस्य धारा अरुषो न वाजी काष्ठा भिन्दन्नर्म्मिभिः पिन्वमानः ॥

ওঁ সিন্ধোরিব প্রাণাধ্বনে শূঘনাসোবাতপ্রমিয়ঃ
পতয়ন্তি জহ্বাঃ ।
ঘৃতস্য ধারা অরুষো ন বাজী কাষ্ঠা
ভিন্দন্নূর্ম্মিভিঃ পিন্বমানঃ ।।

oṁ sindhoriva prādhvane śūghanāso
vātapramiyaḥ patayanti yahvāḥ
ghṛtasya dhārā aruṣo na vājī kāṣṭhā
bhindannarmmibhiḥ pinvamānaḥ

Oṁ The pious mark of red vermilion, symbolizing the ocean of love, placed prominently upon the head above the nose bursting forth, allows the vibrance of youth to fly. As the stream of ghee pours into the flames, those spirited steeds of the Divine Fire consume the logs of wood, increasing the will and self-reliance of the worshipper.

ॐ सिन्दूरमरुणाभासं जपाकुसुमसन्निभम् ।
पूजिताऽसि मया देवि प्रसीद परमेश्वरि ॥
ॐ ह्रीं सन्तोषीमायै नमः सिन्दूरं समर्पयामि
ওঁ সিন্দুরমরুণাভাসং জবাকুসুমসন্নিভম্ ।
পূজিতা-সি ময়া দেবি প্রসীদ পরমেশ্বরিঃ ।।
ওঁ হ্রীং সন্তোষীমায়ৈ নমঃ সিন্দুরং সমর্পয়ামি

oṁ sindūramaruṇābhāsaṁ japākusumasannibham
pūjitā-si mayā devi prasīda parameśvari
oṁ hrīṁ santoṣīmāyai namaḥ sindūraṁ samarpayāmi

Oṁ This red colored powder symbolizes Love, who drives the chariot of the Light of Wisdom, with which we are worshipping our Lord. Please be pleased, Oh Great Seer of All. With this offering of red-colored powder oṁ hrīṁ we bow to Santoṣī Mā, the Divine Mother who bestows satisfaction.

kuṅkum

ॐ कुङ्कुमं कान्तिदं दिव्यं कामिनीकामसम्भवम् ।
कुङ्कुमेनाऽर्चिते देवि प्रसीद परमेश्वरि ॥
ॐ ह्रीं सन्तोषीमायै नमः कुङ्कुमं समर्पयामि
ওঁ কুঙ্কুমং কান্তিদং দিব্যং কামিনী কামসম্ভবম্ ।
কুঙ্কুমেনা-র্চিতে দেবি প্রসীদ পরমশ্বেরিঃ ।।
ওঁ হ্রীং সন্তোষীমায়ৈ নমঃ কুঙ্কুমং সমর্পয়ামি

oṁ kuṅkumaṁ kāntidaṁ divyaṁ
kāminī kāmasambhavam
kuṅkumenā-rcite devi prasīda parameśvari
oṁ hrīṁ santoṣīmāyai namaḥ kuṅkumaṁ samarpayāmi

Oṁ You are being adorned with this divine red powder, which is made more beautiful by the love we share with you, and is so pleasing. Oh Goddess, when we present this red powder be pleased, Oh Supreme Ruler of All. With this offering of red colored powder oṁ hrīṁ we bow to Santoṣī Mā, the Divine Mother who bestows satisfaction.

sandal paste

ॐ श्रीखण्डचन्दनं दिव्यं गन्धाढ्यं सुमनोहरम् ।
विलेपनं च देवेशि चन्दनं प्रतिगृह्यताम् ॥
ॐ ह्रीं सन्तोषीमायै नमः चन्दनं समर्पयामि
ওঁ শ্রীখণ্ডচন্দনং দিব্যং গন্ধাঢ্যং সুমনোহরম্ ।
বিলেপনং চ দেবেশি চন্দনং প্রতিগৃহ্যতাম্ ।।
ওঁ হ্রীং সন্তোষীমায়ৈ নমঃ চন্দনং সমর্পয়ামি

oṁ śrīkhaṇḍacandanaṁ divyaṁ
gandhāḍhyaṁ sumano haram
vilepanaṁ ca deveśi candanaṁ pratigṛhyatām
oṁ hrīṁ santoṣīmāyai namaḥ candanaṁ samarpayāmi

Oṁ You are being adorned with this beautiful divine piece of sandal wood, ground to a paste that is so pleasing. Please accept this offering of sandal paste, Oh Supreme Sovereign of all the Gods. With this offering of sandal paste oṁ hrīṁ we bow to Santoṣī Mā, the Divine Mother who bestows satisfaction.

turmeric

ॐ हरिद्रारञ्जिता देवि सुख-सौभाग्यदायिनि ।

तस्मात्त्वं पूजयाम्यत्र दुःखशान्तिं प्रयच्छ मे ॥

ॐ ह्रीं सन्तोषीमायै नमः हरिद्रां समर्पयामि

ওঁ হরিদ্রারঞ্জিতা দেবি সুখ-সৌভাগ্যদায়িনি ।

তস্মাত্ত্বং পূজয়াম্যত্র দুঃখ শান্তিং প্রযচ্ছমে ।।

ওঁ হ্রীং সন্তোষীমায়ৈ নমঃ হরিদ্রাং সমর্পয়ামি

oṁ haridrārañjitā devi
sukha saubhāgyadāyini
tasmāttvaṁ pūjayāmyatra
duḥkha śāntiṁ prayaccha me
oṁ hrīṁ santoṣīmāyai namaḥ haridrāṁ samarpayāmi

Oṁ Oh Goddess, you are being gratified by this turmeric, the giver of comfort and beauty. When you are worshipped like this, then you must bestow upon us the greatest peace. With the offering of turmeric oṁ hrīṁ we bow to Santoṣī Mā, the Divine Mother who bestows satisfaction.

scent bath

गन्धद्वरां दुराधर्षां नित्यपुष्टां करीषिणीम् ।

ईश्वरीं सर्वभूतानां तामिहोपह्वये श्रियम् ॥

ॐ ह्रीं सन्तोषीमायै नमः गन्धस्नानं समर्पयामि

গন্ধদ্বারাং দুরাধর্ষাং নিত্যপুষ্টাং করীষিণীম্ ।

ঈশ্বরীং সর্বভূতানাং তামিহোপহ্বয়ে শ্রিয়ম্ ।।

ওঁ হ্রীং সন্তোষীমায়ৈ নমঃ গন্ধং স্নানং সমর্পয়ামি

gandhadvārāṁ durādharṣāṁ nityapuṣṭāṁ karīṣiṇīm
īśvarīṁ sarvabhūtānāṁ tāmihopahvaye śriyam
oṁ hrīṁ santoṣīmāyai namaḥ gandha snānaṁ samarpayāmi

She is the cause of the scent that is the door to religious ecstasy, unconquerable (never-failing), continually nurturing for all time. May we never tire from calling that manifestation of the Highest Respect, the Supreme Goddess of all existence. With this offering of scented bath oṁ hrīṁ we bow to Santoṣī Mā, the Divine Mother who bestows satisfaction.

water bath

ॐ गङ्गे च जमुने चैव गोदावरि सरस्वति ।
नर्मदे सिन्धु कावेरि स्नानार्थं प्रतिगृह्यताम् ॥
ॐ ह्रीं सन्तोषीमायै नमः गङ्गास्नानं समर्पयामि
ওঁ গঙ্গে চ যমুনে চৈব গোদাবরি সরস্বতি ।
নর্মদে সিন্ধুকাবেরি স্নানার্থং প্রতিগৃহ্যতাম ।।
ওঁ হ্রীং সন্তোষীমায়ৈ নমঃ গঙ্গা স্নানং সমর্পয়ামি

oṁ gaṅge ca jamune caiva godāvari sarasvati
narmade sindhu kāveri snānārthaṁ pratigṛhyatām
oṁ hrīṁ santoṣīmāyai namaḥ gaṅgā snānaṁ samarpayāmi

Oṁ Please accept the waters from the Gaṅges, the Jamunā, Godāvarī, Sarasvatī, Narmadā, Sindhu and Kāverī, which have been provided for your bath. With this offering of Ganges bath waters oṁ hrīṁ we bow to Santoṣī Mā, the Divine Mother who bestows satisfaction.

cloth

ॐ शीतवातोष्णसंत्राणं लज्जायै रक्षणं परं ।
देहालंकरणं वस्त्रं अथ शान्तिं प्रयच्छ मे ॥
ॐ ह्रीं सन्तोषीमायै नमः वस्त्रं समर्पयामि
ওঁ শীতবাতোষ্ণ সং ত্রাণং লজ্জায়ৈ রক্ষনং পরং ।
দেহ-লঙ্কারনং বস্ত্রাং অথা শান্তি প্রায়চ্ছ মে ।।
ওঁ হ্রীং সন্তোষীমায়ৈ নমঃ বস্ত্রাং সমর্পয়ামি

oṁ śīta vātoṣṇa saṁ trāṇaṁ
lajjāyai rakṣaṇaṁ paraṁ
dehālaṅkaraṇaṁ vastraṁ
atha śāntiṁ prayaccha me
oṁ hrīṁ santoṣīmāyai namaḥ vastraṁ samarpayāmi

Oṁ To take away the cold and the wind, and to fully protect your modesty, we adorn your body with this cloth, and thereby find the greatest Peace. With this offering of wearing apparel oṁ hrīṁ we bow to Santoṣī Mā, the Divine Mother who bestows satisfaction.

sacred thread

ॐ यज्ञोपवीतं परमं पवित्रं प्रजापतेर्यत् सहजं पुरस्तात् ।
आयुष्यमग्र्यं प्रतिमुञ्च शुभ्रं यज्ञोपवीतं बलमस्तु तेजः ॥
ওঁ যজ্ঞোপবীতং পরমং পবিত্রং
প্রজাপতের্য়ৎ সহজং পুরস্তাৎ ।
আয়ুষ্যমগ্রং প্রতিমুঞ্চ শুভ্র
যজ্ঞোপবীতং বলমস্তু তেজঃ ।।

oṁ yajñopavītaṁ paramaṁ pavitraṁ
prajāpateryat sahajaṁ purastāt
āyuṣyamagraṁ pratimuñca śubhraṁ
yajñopavītaṁ balamastu tejaḥ

Oṁ the sacred thread of the highest purity is given by Prajāpati, the Lord of Creation, for the greatest facility. You bring life and illuminate the greatness of liberation. Oh sacred thread, let your strength be of radiant light.

शमो दमस्तपः शौचं क्षान्तिरार्जवमेव च ।
ज्ञानं विज्ञानमास्तिक्यं ब्रह्मकर्म स्वभावजम् ॥
শমো দমস্তপঃ শৌচং ক্ষান্তিরার্জবমেব চ ।
জ্ঞানং বিজ্ঞানমাস্তিক্যং ব্রহ্মকর্ম স্বভাবজম্ ।।
śamo damastapaḥ śaucaṁ kṣāntirārjavameva ca
jñānaṁ vijñānamāstikyaṁ
brahmakarma svabhāvajam

Peacefulness, self-control, austerity, purity of mind and body, patience and forgiveness, sincerity and honesty, wisdom, knowledge and self-realization are the natural activities of a Brahmaṇa.

नवभिस्तन्तुभिर्युक्तं त्रिगुणं देवतामयं ।
उपवीतं मया दत्तं गृहाण त्वं सुरेश्वरि ॥
ॐ ह्रीं सन्तोषीमायै नमः यज्ञोपवीतं समर्पयामि
নব মির্ষ্টন্তুর্বিয়ুক্তং ত্রিগুণং দেবতা ময়ং ।
উপবীতং ময়া দত্তাং গৃহাণ ত্বং সুরেশ্বরি ।
ওঁ হ্রীং সন্তোষীমায়ৈ নমঃ যজ্ঞোপবীতং
সমর্পয়ামি

navamiṣṭantubhiryuktaṁ triguṇaṁ devatā mayaṁ
upavītaṁ mayā dattaṁ gṛhāṇa tvaṁ sureśvari
oṁ hrīṁ santoṣīmāyai namaḥ yajñopavītaṁ samarpayāmi

With nine desirable threads all united together, exemplifying the three guṇas (the three qualities of harmony of our deity), this sacred thread will be our ambassador. Oh Ruler of the Gods, please accept this. With this offering of a sacred thread oṁ hrīṁ we bow to Santoṣī Mā, the Divine Mother who bestows satisfaction.

rudrākṣa

त्र्यम्बकं यजामहे सुगन्धिं पुष्टिवर्द्धनम् ।
उर्व्वारुकमिव बन्धनान्मृत्योर्म्मुक्षीयमामृतात् ॥
ॐ ह्रीं सन्तोषीमायै नमः रुद्राक्षं समर्पयामि

ত্র্যম্বকং যজামহে সুগন্ধিং পুষ্টিবর্দ্ধনম্ ।
উর্বারুকমিব বন্ধনান্মৃত্যোর্ম্মুক্ষীয়মামৃতাৎ ।।
ওঁ হ্রীং সন্তোষীমায়ৈ নমঃ রুদ্রাক্ষং সমর্পয়ামি

tryambakaṁ yajāmahe
sugandhiṁ puṣṭivarddhanam
urvvārukamiva bandhanānmṛtyormmukṣīyamāmṛtāt
oṁ hrīṁ santoṣīmāyai namaḥ rudrākṣaṁ samarpayāmi

We worship the Father of the three worlds, of excellent fame, Grantor of Increase. As a cucumber is released from its bondage to the stem, so may we be freed from Death to dwell in immortality. With this offering of rudrākṣa oṁ hrīṁ we bow to Santoṣī Mā, the Divine Mother who bestows satisfaction.

mālā

ॐ मां माले महामाये सर्वशक्तिस्वरूपिणि ।

चतुर्वर्गस्त्वयि न्यस्तस्तस्मान्मे सिद्धिदा भव ॥

ॐ ह्रीं सन्तोषीमायै नमः मालां समर्पयामि

ওঁ মাং মালে মহামায়ে সর্বশক্তিস্বরূপিণি ।

চতুর্বর্গস্ত্বয়ি ন্যস্তস্তস্মান্মে সিদ্ধিদা ভব ।।

ওঁ হ্রীং সন্তোষীমায়ৈ নমঃ মালাং সমর্পয়ামি

oṁ māṁ māle mahāmāye sarvaśaktisvarūpiṇi
caturvargastvayi nyastastasmānme siddhidā bhava
oṁ hrīṁ santoṣīmāyai namaḥ mālāṁ samarpayāmi

Oṁ my rosary, the Great Limitation of Consciousness, containing all energy within as your intrinsic nature, fulfilling the four desires of men, give us the attainment of your perfection. With this offering of a mālā oṁ hrīṁ we bow to Santoṣī Mā, the Divine Mother who bestows satisfaction.

rice

अक्षतान् निर्मलान् शुद्धान् मुक्ताफलसमन्वितान् ।

गृहाणेमान महादेव देहि मे निर्मलां धियम् ॥

ॐ ह्रीं सन्तोषीमायै नमः अक्षतान् समर्पयामि

অক্ষতান্ নির্মলান্ শুদ্ধান্ মুক্তাফলসমন্বিতান্ ।

গৃহাণেমান্ মহাদেবি দেহি মে নির্মলাং ধিয়ম্ ।।

ওঁ হ্রীং সন্তোষীমায়ৈ নমঃ অক্ষতাং সমর্পয়ামি

akṣatān nirmalān śuddhān muktāphalasamanvitān
gṛhāṇemān mahādeva dehi me nirmalāṁ dhiyam
oṁ hrīṁ santoṣīmāyai namaḥ akṣatān samarpayāmi

Oh Great Goddess, please accept these grains of rice, spotlessly clean, bestowing the fruit of liberation, and give us a spotlessly clean mind. With the offering of grains of rice oṁ hrīṁ we bow to Santoṣī Mā, the Divine Mother who bestows satisfaction.

flower garland

शङ्ख-पद्मजपुष्पादि शतपत्रैर्विचित्रताम् ।

पुष्पमालां प्रयच्छामि गृहाण त्वं सुरेश्वरि ॥

ॐ ह्रीं सन्तोषीमायै नमः पुष्पमालां समर्पयामि

শঙ্খ-পদ্মজপুষ্পাদি শতপত্রৈর্বিচিত্রতাম্ ।

পুষ্পমালাং প্রযচ্ছামি গৃহাণ ত্বং সুরেশ্বরি ।।

ওঁ হ্রীং সন্তোষীমায়ৈ নমঃ পুষ্পমালাং সমর্পয়ামি

śaṅkha-padma japuṣpādi śatapatrairvicitratām
puṣpamālāṁ prayacchāmi gṛhāṇa tvaṁ sureśvari
oṁ hrīṁ santoṣīmāyai namaḥ puṣpamālāṁ samarpayāmi

We offer you this garland of flowers with spiraling lotuses, other flowers and leaves. Be pleased to accept it, Oh Ruler of All the Gods. With this offering of a garland of flowers oṁ hrīṁ we bow to Santoṣī Mā, the Divine Mother who bestows satisfaction.

flower

मल्लिकादि सुगन्धीनि मालित्यादीनि वै प्रभो ।

मयाऽहृतानि पूजार्थं पुष्पाणि प्रतिगृह्यताम् ॥

ॐ ह्रीं सन्तोषीमायै नमः पुष्पम् समर्पयामि

মল্লিকাদি সুগন্ধীনি মালিত্যাদীনি বৈ প্রভো ।

ময়া-হৃতানি পূজার্থং পুষ্পাণি প্রতিগৃহ্যতাম্ ।।

ওঁ হ্রীং সন্তোষীমায়ৈ নমঃ পুষ্পম্ সমর্পয়ামি

mallikādi sugandhīni mālityādīni vai prabho
mayā-hṛtāni pūjārthaṁ puṣpāṇi pratigṛhyatām
oṁ hrīṁ santoṣīmāyai namaḥ puṣpam samarpayāmi
Various flowers, such as mallikā and others of excellent scent, are being offered to you, Our Lord. All these flowers have come from the devotion of our hearts for your worship. Please accept them. With this offering of a flower oṁ hrīṁ we bow to Santoṣī Mā, the Divine Mother who bestows satisfaction.

sthirī karaṇa

establishment of stillness in the pot

ॐ सर्वतीर्थमयं वारि सर्वदेवसमन्वितम् ।
इमं घटं समागच्छ तिष्ठ देवगणैः सह ॥
ওঁ সর্বতীর্থময়ং বারি সর্বদেবসমন্বিতা ।
ইমং ঘটং সমাগচ্ছ তিষ্ঠ দেবগণৈঃ সহ ।।
oṁ sarvatīrthamayaṁ vāri sarvadevasamanvitam
imaṁ ghaṭaṁ samāgaccha tiṣṭha devagaṇaiḥ saha
All the places of pilgrimage as well as all of the Gods, all are placed within this container. Oh Multitude of Gods, be established within!

lelihānā mudrā

(literally, sticking out or pointing)

स्थां स्थीं स्थिरो भव
विड्वङ्ग आशुर्भव वाज्यर्व्वन् ।
पृथुर्भव शुषदस्त्वमग्नेः पुरीषवाहनः ॥
স্থাং স্থীং স্থীরো ভব বিড্বঙ্গ
আশুর্ভব বাজ্যর্বন্ ।
পৃথুর্ভব শুষদস্ত্বমগ্নেঃ পুরীষবাহনঃ ।।

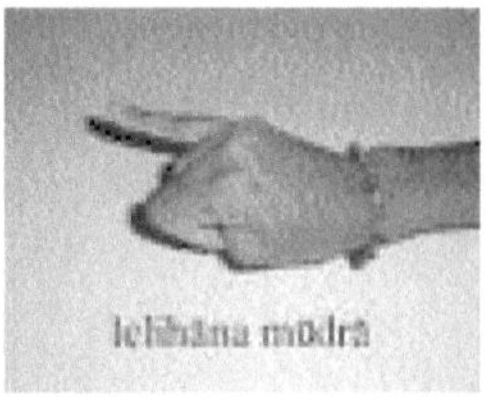
lelihāna mudrā

sthāṁ sthīṁ sthiro bhava
viḍvaṅga āśurbhava vājyarvvan
pṛthurbhava śuṣadastvamagneḥ purīṣavāhanaḥ

Be Still in the Gross Body! Be Still in the Subtle Body! Be Still in the Causal Body! Quickly taking in this energy and shining forth as the Holder of Wealth, oh Divine Fire, becoming abundant, destroy the current of negativity from the face of this earth.

prāṇa pratiṣṭhā

establishment of life

ॐ अं आं ह्रीं क्रों यं रं लं वं शं षं सं हों हं सः

ওঁ অং আং হ্রীং ক্রোং য়ং র়ং লং বং শং ষং সং হোং হং সঃ

oṁ aṁ āṁ hrīṁ kroṁ yaṁ raṁ laṁ vaṁ śaṁ ṣaṁ saṁ hoṁ haṁ saḥ

Oṁ The Infinite Beyond Conception, Creation (the first letter), Consciousness, Māyā, the cause of the movement of the subtle body to perfection and beyond; the path of fulfillment: control, subtle illumination, one with the earth, emancipation, the soul of peace, the soul of delight, the soul of unity (all this is I), perfection, Infinite Consciousness, I am this.

ॐ ह्रीं सन्तोषीमायै नमः प्राणा इह प्राणाः

ওঁ হ্রীং সন্তোষীমায়ৈ নমঃ প্রাণা ইহ প্রাণাঃ

oṁ hrīṁ santoṣīmāyai namaḥ prāṇā iha prāṇāḥ

oṁ hrīṁ we bow to Santoṣī Mā, the Divine Mother who bestows satisfaction You are the life of this life!

ॐ अं आं ह्रीं क्रों यं रं लं वं शं षं सं हों हं सः
ওঁ অং আং হ্রীং ক্রোং য়ং রং লং বং শং ষং সং হোং হং সঃ
oṁ aṁ āṁ hrīṁ kroṁ yaṁ raṁ laṁ vaṁ śaṁ ṣaṁ saṁ hoṁ haṁ saḥ
Oṁ The Infinite Beyond Conception, Creation (the first letter), Consciousness, Māyā, the cause of the movement of the subtle body to perfection and beyond; the path of fulfillment: control, subtle illumination, one with the earth, emancipation, the soul of peace, the soul of delight, the soul of unity (all this is I), perfection, Infinite Consciousness, I am this.

ॐ ह्रीं सन्तोषीमायै नमः जीव इह स्थितः
ওঁ হ্রীং সন্তোষীমায়ৈ নমঃ জীব ইহ স্থিতঃ
oṁ hrīṁ santoṣīmāyai namaḥ jīva iha sthitaḥ
oṁ hrīṁ we bow to Santoṣī Mā, the Divine Mother who bestows satisfaction You are situated in this life (or individual consciousness).

ॐ अं आं ह्रीं क्रों यं रं लं वं शं षं सं हों हं सः
ওঁ অং আং হ্রীং ক্রোং য়ং রং লং বং শং ষং সং হোং হং সঃ
oṁ aṁ āṁ hrīṁ kroṁ yaṁ raṁ laṁ vaṁ śaṁ ṣaṁ saṁ hoṁ haṁ saḥ
Oṁ The Infinite Beyond Conception, Creation (the first letter), Consciousness, Māyā, the cause of the movement of the subtle body to perfection and beyond; the path of fulfillment: control, subtle illumination, one with the earth, emancipation, the soul of peace, the soul of delight, the soul of unity (all this is I), perfection, Infinite Consciousness, I am this.

ॐ ह्रीं सन्तोषीमायै नमः सर्वेन्द्रियाणि

ওঁ হ্রীং সন্তোষীমায়ৈ নমঃ সর্বেন্দ্রিয়াণি

oṁ hrīṁ santoṣīmāyai namaḥ sarvendriyāṇi

oṁ hrīṁ we bow to Santoṣī Mā, the Divine Mother who bestows satisfaction You are all these organs (of action and knowledge).

ॐ अं आं ह्रीं क्रों यं रं लं वं शं षं सं हों हं सः

ওঁ অং আং হ্রীং ক্রোং য়ং রং লং বং শং ষং সং
হোং হং সঃ

oṁ aṁ āṁ hrīṁ kroṁ yaṁ raṁ laṁ vaṁ śaṁ ṣaṁ saṁ hoṁ haṁ saḥ

Oṁ The Infinite Beyond Conception, Creation (the first letter), Consciousness, Māyā, the cause of the movement of the subtle body to perfection and beyond; the path of fulfillment: control, subtle illumination, one with the earth, emancipation, the soul of peace, the soul of delight, the soul of unity (all this is I), perfection, Infinite Consciousness, I am this.

ॐ ह्रीं सन्तोषीमायै नमः वाग् मनस्त्वक्चक्षुः-श्रोत्र-घ्राण-
प्राणा इहागत्य सुखं चिरं तिष्ठन्तु स्वाहा

ওঁ হ্রীং সন্তোষীমায়ৈ নমঃ শ্রোত্র ঘ্রাণ
প্রাণা ইহাগত্য সুখং চিরং তিষ্ঠন্তু স্বাহা ।।

oṁ hrīṁ santoṣīmāyai namaḥ vāg manastvakcakṣuḥ śrotra ghrāṇa prāṇā ihāgatya sukhaṁ ciraṁ tiṣṭhantu svāhā

oṁ hrīṁ we bow to Santoṣī Mā, the Divine Mother who bestows satisfaction You are all these vibrations, mind, sound, eyes, ears, tongue, nose and life force. Bring forth infinite peace and establish it forever, I am One with God!

kara nyāsa

establishment in the hands

ॐ ह्रां अंगुष्ठाभ्यां नमः

ওঁ হ্রাং অংগুষ্ঠাভ্যাং নমঃ

oṁ hrāṁ aṇguṣṭhābhyāṁ namaḥ *thumb forefinger*

Oṁ hrāṁ in the thumb I bow.

ॐ ह्रीं तर्जनीभ्यां स्वाहा

ওঁ হ্রীং তর্জনীভ্যাং স্বাহা

oṁ hrīṁ tarjanībhyāṁ svāhā *thumb forefinger*

Oṁ hrīṁ in the forefinger, I am One with God!

ॐ ह्रूं मध्यमाभ्यां वषट्

ওঁ হ্রূং মধ্যমাভ্যাং বষট্

oṁ hrūṁ madhyamābhyāṁ vaṣaṭ *thumb middlefinger*

Oṁ hrūṁ in the middle finger, Purify!

ॐ ह्रैं अनामिकाभ्यां हुं

ওঁ হ্রৈং অনামিকাভ্যাং হুং

oṁ hraiṁ anāmikābhyāṁ huṁ *thumb ring finger*

Oṁ hraiṁ in the ring finger, Cut the Ego!

ॐ ह्रौं कनिष्ठिकाभ्यां बौषट्

ওঁ হ্রৌং কনিষ্ঠিকাভ্যাং বৌষট্

oṁ hrauṁ kaniṣṭhikābhyāṁ vauṣaṭ *thumb little finger*

Oṁ hrauṁ in the little finger, Ultimate Purity!

Roll hand over hand forwards while reciting karatal kar, *and backwards while chanting* pṛṣṭhābhyāṁ, *then clap hands when chanting* astrāya phaṭ.

ॐ ह्रः करतल कर पृष्ठाभ्यां अस्त्राय फट् ॥

ওঁ হ্রঃ করতল কর পৃষ্ঠাভ্যাং অস্ত্রায় ফট্

oṁ hraḥ karatal kar pṛṣṭhābhyāṁ astrāya phaṭ

Oṁ hraḥ I bow with the weapon of Virtue.

ॐ ह्रीं सन्तोषीमायै नमः ॥

ওঁ হ্রীং সন্তোষীমায়ৈ নমঃ

oṁ hrīṁ santoṣīmāyai namaḥ ||

oṁ hrīṁ we bow to Santoṣī Mā, the Divine Mother who bestows satisfaction.

aṅga nyāsa

establishment in the body

Holding tattva mudrā, touch heart.

ॐ ह्रां हृदयाय नमः

ওঁ হ্রাং হৃদয়ায় নমঃ

oṁ hrāṁ hṛdayāya namaḥ *touch heart*

Oṁ hrāṁ in the heart, I bow.

Holding tattva mudrā, touch top of head.

ॐ ह्रीं शिरसे स्वाहा

ওঁ হ্রীং শিরসে স্বাহা

oṁ hrīṁ śirase svāhā *top of head*

Oṁ hrīṁ on the top of the head, I am One with God!

With thumb extended, touch back of head.

ॐ ह्रूं शिखायै वषट

ওঁ হ্রূং শিখায়ৈ বষট্

oṁ hrūṁ śikhāyai vaṣaṭ *back of head*

Oṁ hrūṁ on the back of the head, Purify!

Holding tattva mudrā, cross both arms.

ॐ ह्रैं कवचाय ह

ওঁ হ্রৈং কবচায় হুং

oṁ hraiṁ kavacāya huṁ

Oṁ hraiṁ crossing both arms, Cut the Ego!

Holding tattva mudrā, touch two eyes and in between at once with three middle fingers.

ॐ ह्रौं नेत्रत्रयाय वौषट्

ওঁ হ্রৌং নেত্রত্রয়ায় বৌষট্

oṁ hrauṁ netratrayāya vauṣaṭ *touch three eyes*

Oṁ hrauṁ in the three eyes, Ultimate Purity!

Roll hand over hand forwards while reciting *karatal kar*,
and backwards while chanting *pṛṣṭhābhyāṁ*,
then clap hands when chanting *astrāya phaṭ*.

ॐ ह्रः करतल कर पृष्ठाभ्यां अस्त्राय फट् ॥

ওঁ হ্রঃ করতল কর পৃষ্ঠাভ্যাং অস্ত্রায় ফট্

oṁ hraḥ karatal kar pṛṣṭhābhyāṁ astrāya phaṭ

Oṁ hraḥ I bow with the weapon of Virtue.

ॐ ह्रीं सन्तोषीमायै नमः ॥

ওঁ হ্রীং সন্তোষীমায়ৈ নমঃ

oṁ hrīṁ santoṣīmāyai namaḥ ||

oṁ hrīṁ we bow to Santoṣī Mā, the Divine Mother who bestows satisfaction.

108 Times

japa

prāṇa pratiṣṭhā sūkta

hymn of the establishment of life

ॐ अस्यै प्राणाः प्रतिष्ठन्तु अस्यै प्राणाः क्षरन्तु च ।
अस्यै देवत्वमर्चायै मामहेति कश्चन ॥
ওঁ অস্যৈ প্রাণা প্রতিষ্ঠন্তু অস্যৈ প্রাণাঃ ক্ষরন্তু চ ।
অস্যৈ দেবত্বমর্চায়ৈ মামহেতি চ কশ্চন ।।

oṁ asyai prāṇāḥ pratiṣṭhantu
asyai prāṇāḥ kṣarantu ca
asyai devatvamārcāyai māmaheti kaścana

Oṁ Thus has the life force been established in you, and thus the life force has flowed into you. Thus to you, God, offering is made, and in this way make us shine.

कलाकला हि देवानां दानवानां कलाकलाः ।
संगृह्य निर्मितो यस्मात् कलशस्तेन कथ्यते ॥
কলাকলা হি দেবানাং দানবানাং কলাকলাঃ ।
সংগৃহ্য নির্মিতা যস্মাৎ কলশস্তেন কথ্যতে ।।

kalākalā hi devānāṁ dānavānāṁ kalākalāḥ
saṁgṛhya nirmito yasmāt kalaśastena kathyate

All the Gods are Fragments of the Cosmic Whole. Also all the asuras are Fragments of the Cosmic Whole. Thus we make a house to contain all these energies.

कलशस्य मुखे विष्णुः कण्ठे रुद्रः समाश्रितः ।
मूले त्वस्य स्थितो ब्रह्मा मध्ये मातृगणाः स्मृताः ॥
কলশস্য মুখে বিষ্ণুঃ কণ্ঠে রুদ্রঃ সমাশ্রিতঃ ।
মূলে ত্বস্য স্থিতো ব্রহ্মা মধ্যে মাতৃগণাঃ স্মৃতাঃ ।।

kalaśasya mukhe viṣṇuḥ kaṅṭhe rudraḥ samāśritaḥ mūle tvasya sthito brahmā madhye mātṛgaṇāḥ smṛtāḥ

In the mouth of the pot is Viṣṇu, in the neck resides Rudra. At the base is situated Brahmā and in the middle we remember the multitude of mothers.

कुक्षौ तु सागराः सप्त सप्तद्वीपा च मेदिनी ।
अर्जुनी गोमती चैव चन्द्रभागा सरस्वती ॥
কুক্ষৌ তু সাগরাঃ সপ্ত সপ্তদ্বীপা চ মেদিনী ।
অর্জুনী গোমতী চৈব চন্দ্রভাগা সরস্বতী ।।

**kukṣau tu sāgarāḥ sapta saptadvīpā ca medinī
arjunī gomatī caiva candrabhāgā sarasvatī**

In the belly are the seven seas and the seven islands of the earth. The rivers Arjunī, Gomatī, Candrabhāgā, Sarasvatī;

कावेरी कृष्णवेणा च गङ्गा चैव महानदी ।
ताप्ती गोदावरी चैव माहेन्द्री नर्मदा तथा ॥
কাবেরী কৃষ্ণবেণা চ গঙ্গা চৈব মহানদী ।
তাপ্তী গোদাবরী চৈব মাহেন্দ্রী নর্মদা তথা ।।

**kāverī kṛṣṇaveṇā ca gaṅgā caiva mahānadī
tāptī godāvarī caiva māhendrī narmadā tathā**

Kāverī, Kṛṣṇaveṇā and the Gaṅges and other great rivers; the Tāptī, Godāvarī, Māhendrī and Narmadā.

नदाश्च विविधा जाता नद्यः सर्वास्तथापराः ।
पृथिव्यां यानि तीर्थानि कलशस्थानि तानि वै ॥

নদাশ্চ বিবিধা জাতা নদ্যঃ সর্বাস্তথাপরাঃ ।
পৃথিব্যাং যানি তীর্থানি কলশস্থানি তানি বৈ ।।

nadāśca vividhā jātā nadyaḥ sarvāstathāparāḥ
pṛthivyāṁ yāni tīrthāni kalaśasthāni tāni vai

The various rivers and the greatest of beings born, and all the respected places of pilgrimage on the earth, are established within this pot.

सर्वे समुद्राः सरितस्तीर्थानि जलदा नदाः ।
आयान्तु मम शान्त्यर्थं दुरितक्षयकारकाः ॥
সর্বে সমুদ্রাঃ সরিতস্তীর্থানি জলদা নদাঃ ।
আয়ান্তু মম শান্ত্যর্থং দুরিতক্ষয়কারকাঃ ।।

sarve samudrāḥ saritastīrthāni jaladā nadāḥ
āyāntu mama śāntyarthaṁ duritakṣayakārakāḥ

All of the seas, rivers and waters from all the respected places of pilgrimage have been brought for the peace of that which is bad or wicked.

ऋग्वेदोऽथ यजुर्वेदः सामवेदो ह्यथर्वणः ।
अङ्गैश्च सहिताः सर्वे कलशं तु समाश्रिताः ॥
ঋগ্বেদো-থ য়জুর্বেদঃ সামবেদো হ্যথর্বণঃ ।
অঙ্গৈশ্চ সহিতাঃ সর্বেকলশং তু সমাশ্রিতাঃ ।।

ṛgvedo-tha yajurvedaḥ sāmavedo hyatharvaṇaḥ
aṅgaiśca sahitāḥ sarve kalaśaṁ tu samāśritāḥ

The Ṛg Veda, Yajur Veda, Sāma Veda and Atharva Veda, along with all of their limbs, are assembled together in this pot.

अत्र गायत्री सावित्री शान्तिः पुष्टिकरी तथा ।

आयान्तु मम शान्त्यर्थं दुरितक्षयकारकाः ॥

অত্র গায়ত্রী সাবিত্রী শান্তিঃ পুষ্টিকরী তথা ।

আয়ান্তু মম শান্ত্যর্থং দুরিতক্ষয়কারকাঃ ।।

atra gāyatrī sāvitrī śāntiḥ puṣṭikarī tathā

āyāntu mama śāntyarthaṁ duritakṣayakārakāḥ

Here Gāyatrī, Sāvitrī, Peace and Increase have been brought for the peace of that which is bad or wicked.

देवदानवसंवादे मथ्यमाने महोदधौ ।

उत्पन्नोऽसि तदा कुम्भ विधृतो विष्णुना स्वयम् ॥

দেব দানব সংবাদে মথ্যমানে মহোদধৌ ।

উৎপন্নো-সি তদা কুম্ভ বিধৃতো বিষ্ণুনা স্বয়ম্ ।।

deva dānava saṁvāde mathyamāne mahodadhau

utpanno-si tadā kumbha vidhṛto viṣṇunā svayam

The Gods and asuras, speaking together, are the great givers of churning to the mind. Rise to the top of this pot to separate them from what is actually Viṣṇu, Himself.

त्वत्तोये सर्वतीर्थानि देवाः सर्वे त्वयि स्थिताः ।

त्वयि तिष्ठन्ति भतानि त्वयि प्राणाः प्रतिष्ठिताः ॥

ত্বত্তোয়ে সর্বতীর্থানি দেবাঃ সর্বে ত্বয়ি স্থিতাঃ ।

ত্বয়ি তিষ্ঠন্তি ভূতানি ত্বয়ি প্রাণাঃ প্রতিষ্ঠিতাঃ ।।

tvattoye sarvatīrthāni devāḥ sarve tvayi sthitāḥ

tvayi tiṣṭhanti bhūtāni tvayi prāṇāḥ pratiṣṭhitāḥ

Within you are all the pilgrimage places. All the Gods are situated within you. All existence is established within you. All life is established within you.

शिवः स्वयं त्वमेवासि विष्णुस्त्वं च प्रजापतिः ।
आदित्या वसवो रुद्रा विश्वेदेवाः सपैतृकाः ॥
শিব স্বয়ং ত্বমেবাসি বিষ্ণুস্ত্বং চ প্রজাপতিঃ ।
আদিত্যা বসবো রুদ্রা বিশ্বেদেবাঃ সপৈতৃকাঃ ।।
śivaḥ svayaṁ tvamevāsi viṣṇustvaṁ ca prajāpatiḥ
ādityā vasavo rudrā viśvedevāḥ sapaitṛkāḥ

You alone are Śiva; you are Brahmā and Viṣṇu, the sons of Āditi, Finders of the Wealth, Rudra, the Universal Deities and the ancestors.

त्वयि तिष्ठन्ति सर्वेऽपि यतः कामफलप्रदाः ।
त्वत्प्रसादादिमं यज्ञं कर्तुमीहे जलोद्भव ।
सान्निध्यं कुरु मे देव प्रसन्नो भव सर्वदा ॥
ত্বয়ি তিষ্ঠন্তি সর্বে-পি যতঃ কামফলপ্রদাঃ ।
ত্বৎপ্রসাদাদিমং যজ্ঞং কর্তুমীহে জলোদ্ভব ।
সান্নিধ্যং কুরু মে দেব প্রসন্না ভব সর্বদা ।।
tvayi tiṣṭhanti sarve-pi yataḥ kāmaphalapradāḥ
tvatprasādādimaṁ yajñaṁ kartumīhe jalodbhava
sānnidhyaṁ kuru me deva prasanno bhava sarvadā

All and everything has been established in you, from whence you grant the fruits of desires. From you comes the blessed fruit of the sacrifice performed with excellence. May those riches increase. Manifest your presence within us, Lord. Always be pleased.

नमो नमस्ते स्फटिकप्रभाय सुश्वेतहाराय सुमङ्गलाय ।
सुपाशहस्ताय झषासनाय जलाधिनाथाय नमो नमस्ते ॥

নমো নমস্তে স্ফটিকপ্রভায়
সুশ্বেতহারায় সুমঙ্গলায় ।
সুপাশহস্তায় ঝষাসনায়
জলাধিনাথায় নমো নমস্তে ।।

namo namaste sphaṭikaprabhāya
suśvetahārāya sumaṅgalāya
supāśahastāya jhaṣāsanāya
jalādhināthāya namo namaste

We bow, we bow to He who shines like crystal, to He who emits excellent clarity and excellent welfare. With the net of unity in his hand, who takes the form of a fish, to the Lord of all waters and that which dwells within, we bow, we bow!

पाशपाणे नमस्तुभ्यं पद्मिनीजीवनायक ।
पुण्याहवाचनं यावत् तावत्त्वं सन्निधौ भव ॥

পাশপাণে নমস্তুভ্যং পদ্মিনীজীবনায়ক ।
পুণ্যাহবাচনং যাবৎ তাবত্ত্বং সন্নিধৌ ভব ।।

pāśapāṇe namastubhyaṁ padminījīvanāyaka
puṇyāhavācanaṁ yāvat tāvattvaṁ sannidhau bhava

We bow to Him with the net of unity in his hand, Seer of the Life of the Lotus One. With this meritorious invocation, please make your presence manifest.

viśeṣārghya

establishment of the conch shell offering
Draw the following yantra on the plate or space
for worship with sandal paste and/or water.
Offer rice on the yantra for each of the four mantras:

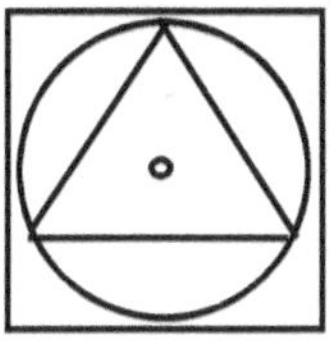

ॐ आधारशक्तये नमः
ওঁ আধারশক্তয়ে নমঃ
oṁ ādhāraśaktaye namaḥ
Oṁ we bow to the Primal Energy

ॐ कूर्म्माय नमः
ওঁ কূর্মায় নমঃ
oṁ kūrmmāya namaḥ
Oṁ we bow to the Support of the Earth

ॐ अनन्ताय नमः
ওঁ অনন্তায় নমঃ
oṁ anantāya namaḥ
Oṁ we bow to Infinity

ॐ पृथिव्यै नमः
ওঁ পৃথিব্যৈ নমঃ
oṁ pṛthivyai namaḥ
Oṁ we bow to the Earth

Place a conch shell on the bindu in the center of the yantra while saying this mantra:

स्थां स्थीं स्थिरो भव फट्

স্থাং স্থীং স্থীরো ভব ফট্

sthāṁ sthīṁ sthiro bhava phaṭ

Be Still in the Gross Body! Be Still in the Subtle Body! Be Still in the Causal Body! Purify!

Fill the conch shell with water while chanting this mantra.

ॐ गङ्गे च जमुने चैव गोदावरि सरस्वति ।

नर्मदे सिन्धु कावेरि जलेऽस्मिन् सन्निधिं कुरु ॥

ওঁ গঙ্গে চ যমুনে চৈব গোদাবরি সরস্বতি ।

নর্মদে সিন্ধুকাবেরি জলে-স্মিন্ সন্নিধিং কুরু ।।

oṁ gaṅge ca jamune caiva godāvari sarasvati
narmade sindhu kāveri jale-smin sannidhiṁ kuru

Oṁ the Ganges, Jamunā, Godāvarī, Sarasvatī, Narmadā, Sindhu, Kāverī, these waters are mingled together.

Offer Tulasī leaves into the water

ॐ ऐं ह्रीं क्लीं श्रीं वृन्दावनवासिन्यै स्वाहा

ওঁ ঐং হ্রীং ক্লীং শ্রীং বৃন্দাবনবাসিন্যৈ স্বাহা ।।

oṁ aiṁ hrīṁ klīṁ śrīṁ vṛndāvanavāsinyai svāhā

Oṁ Wisdom, Māyā, Increase, to She who resides in Vṛndāvana, I am One with God!

Offer three flowers into the water pot with the mantra:

एते गन्धपुष्पे ॐ अं अर्कमण्डलाय द्वादशकलात्मने नमः

এতে গন্ধপুষ্পে ওঁ অং অর্কমণ্ডলায় দ্বাদশকলাত্মনে নমঃ

ete gandhapuṣpe oṁ aṁ arkamaṇḍalāya dvādaśakalātmane namaḥ

With these scented flowers oṁ "A" we bow to the twelve aspects of the realm of the sun. Tapinī, Tāpinī, Dhūmrā, Marīci, Jvālinī, Ruci, Sudhūmrā, Bhoga-dā, Viśvā, Bodhinī, Dhārinī, Kṣamā; Containing Heat, Emanating Heat, Smoky, Ray-producing, Burning, Lustrous, Purple or Smoky-Red, Granting Enjoyment, Universal, Which Makes known, Productive of Consciousness, Which Supports, Which Forgives.

एते गन्धपुष्पे ॐ उं सोममण्डलाय षोडशकलात्मने नमः

এতে গন্ধপুষ্পে ওঁ উং সোমমণ্ডলায় ষোড়শকলাত্মনে নমঃ

ete gandhapuṣpe oṁ uṁ somamaṇḍalāya ṣoḍaśakalātmane namaḥ

With these scented flowers oṁ "U" we bow to the sixteen aspects of the realm of the moon: Amṛtā, Prāṇadā, Puṣā, Tuṣṭi, Puṣṭi, Rati, Dhṛti, Śaśinī, Caṇḍrikā, Kānti, Jyotsnā, Śrī, Prīti, Aṅgadā, Pūrṇā, Pūrṇāmṛta; Nectar, Which Sustains Life, Which Supports, Satisfying, Nourishing, Playful, Constant, Unfailing, Producer of Joy, Beauty Enhanced by Love, Light, Grantor of Prosperity, Affectionate, Purifying the Body, Complete, Full of Bliss.

एते गन्धपुष्पे ॐ मं वह्निमण्डलाय दशकलात्मने नमः

এতে গন্ধপুষ্পে ওঁ মং বহ্নিমণ্ডলায় দশকলাত্মনে নমঃ

ete gandhapuṣpe oṁ maṁ vahnimaṇḍalāya daśakalātmane namaḥ

With these scented flowers oṁ "M" we bow to the ten aspects of the realm of fire: Dhūmrā, Arciḥ, Jvalinī, Śūkṣmā, Jvālinī, Visphūliṅginī, Suśrī, Surūpā, Kapilā, Havya-Kavya-Vahā;

Smoky-Red, Flaming, Shining, Subtle, Burning, Sparkling, Beautiful, Well-formed, Tawny, the Messenger to the Gods and Ancestors.

एते गन्धपुष्पे हुं

এতে গন্ধপুষ্পে হুং

ete gandhapuṣpe huṁ

With these scented flowers huṁ

Wave hands in matsyā, dhenu and
aṅkuśa mudrās while chanting this mantra:

ॐ गङ्गे च जमुने चैव गोदावरि सरस्वति ।

नर्मदे सिन्धु कावेरि जलेऽस्मिन् सन्निधिं कुरु ॥

ওঁ গঙ্গে চ যমুনে চৈব গোদাবরি সরস্বতি ।

নর্মদে সিন্ধুকাবেরি জলে-স্মিন্ সন্নিধিং কুরু ।।

oṁ gaṅge ca jamune caiva godāvari sarasvati
narmade sindhu kāveri jale-smin sannidhiṁ kuru

Oṁ the Ganges, Jamunā, Godāvarī, Sarasvatī, Narmadā, Sindhu, Kāverī, these waters are mingled together.

ॐ ह्रीं सन्तोषीमायै नमः ॥

ওঁ হ্রীং সন্তোষীমায়ৈ নমঃ

oṁ hrīṁ santoṣīmāyai namaḥ ||

oṁ hrīṁ we bow to Santoṣī Mā, the Divine Mother who bestows satisfaction. 10 Times

Sprinkle water over all the articles to be offered,
then throw some drops of water over your
shoulders while repeating the mantra:

अमृतम् कुरु स्वाहा

অমৃতাম্ কুরু স্বাহা

amṛtam kuru svāhā

Make this immortal nectar! I am One with God!

pūjā naivedya

offerings of worship

invitation

आगच्छेह महादेवि सर्वसम्पत्प्रदायिनि ।

यावद् व्रतं समाप्येत तावत्त्वं सन्निधौ भव ॥

ॐ ह्रीं सन्तोषीमायै नमः आवाहनं समर्पयामि

আগচ্ছেহ মহাদেবি ! সর্বসম্পৎপ্রদায়িনি ।
যাবদ্ ব্রতং সমাপ্যেত তাবত্ত্বং সন্নিধৌ ভব ।।
ওঁ হ্রীং সন্তোষীমায়ৈ নমঃ আবাহনং সমর্পয়ামি

āgaccheha mahādevi sarvasampatpradāyini
yāvad vrataṁ samāpyeta tāvattvaṁ sannidhau bhava
oṁ hrīṁ santoṣīmāyai namaḥ āvāhanaṁ samarpayāmi

Please come here, oh Great Goddess, Giver of All Wealth! Please remain sitting still until this vow of worship is complete. With this offering of an invitation oṁ hrīṁ we bow to Santoṣī Mā, the Divine Mother who bestows satisfaction.

seat

अनेकरत्नसंयुक्तं नानामणिगणान्वितम् ।

कार्तस्वरमयं दिव्यमासनं प्रतिगृह्यताम् ॥

ॐ ह्रीं सन्तोषीमायै नमः आसनं समर्पयामि

অনেকরত্ন সংযুক্তং নানামণি গণান্বিতম্ ।
কার্তস্বরময়ং দিব্যমাসনং প্রতিগৃহ্যতাম্ ।।
ওঁ হ্রীং সন্তোষীমায়ৈ নমঃ আসনং সমর্পয়ামি

anekaratna saṁyuktaṁ nānāmaṇi gaṇānvitam
kārtasvaramayaṁ divyamāsanaṁ pratigṛhyatām
oṁ hrīṁ santoṣīmāyai namaḥ āsanaṁ samarpayāmi

United with many gems and a multitude of various jewels, voluntarily accept my offering of a divine seat. With this offering of a seat oṁ hrīṁ we bow to Santoṣī Mā, the Divine Mother who bestows satisfaction.

foot bath

ॐ गङ्गादिसर्वतीर्थेभ्यो मया प्रार्थनयाहृतम् ।

तोयमेतत् सुखस्पर्शं पाद्यार्थं प्रतिगृह्यताम् ॥

ॐ ह्रीं सन्तोषीमायै नमः पाद्यं समर्पयामि

ওঁ গঙ্গাদি সর্বতীর্থেভ্যো ময়া প্রার্থনয়াহৃতম্ ।

তোয়মেতৎ সুখস্পর্শং পাদ্যার্থং প্রতিগৃহ্যতাম্ ।।

ওঁ হ্রীং সন্তোষীমায়ৈ নমঃ পাদ্যং সমর্পয়ামি

oṁ gaṅgādi sarva tīrthebhyo mayā prārthanayāhṛtam

toyametat sukha sparśaṁ pādyārthaṁ pratigṛhyatām

oṁ hrīṁ santoṣīmāyai namaḥ pādyaṁ samarpayāmi

Oṁ The Gaṅges and other waters from all the places of pilgrimage are mingled together in this our prayer. Please accept the comfortable touch of these waters offered to wash your lotus feet. With this offering of foot bath waters oṁ hrīṁ we bow to Santoṣī Mā, the Divine Mother who bestows satisfaction.

water for washing hands and mouth

कर्पूरेण सुगन्धेन सुरभिस्वादु शीतलम् ।

तोयमाचमनीयार्थं देवीदं प्रतिगृह्यताम् ॥

ॐ ह्रीं सन्तोषीमायै नमः आचमनीयं समर्पयामि

কর্পূরেণ সুগন্ধেন সুরভিস্বাদু শীতলম্ ।

তোয়মাচমনীয়ার্থং দেবীদং প্রতিগৃহ্যতাম্ ।।

ওঁ হ্রীং সন্তোষীমায়ৈ নমঃ আচমনীয়ং সমর্পয়ামি

karpūreṇa sugandhena surabhisvādu śītalam
toyamācamanīyārthaṁ devīdaṁ pratigṛhyatām
oṁ hrīṁ santoṣīmāyai namaḥ ācamanīyaṁ samarpayāmi

With camphor and excellent scent, cool with excellent taste, this water is being offered for washing. Oh Goddess, please accept it. With this offering of washing waters oṁ hrīṁ we bow to Santoṣī Mā, the Divine Mother who bestows satisfaction.

arghya

निधीनां सर्वदेवानां त्वमनर्घ्यगुणा ह्यसि ।
सिंहोपरिस्थिते देवि ! गृहाणार्घ्यं नमोऽस्तु ते ॥
ॐ ह्रीं सन्तोषीमायै नमः अर्घ्यं समर्पयामि

নিধীনাং সর্বদেবানাং ত্বমনর্ঘ্যগুণা হ্যসি ।
সিংহোপরিস্থিতে দেবি ! গৃহাণার্ঘ্যং নমো-স্তু তে ।।
ওঁ হ্রীং সন্তোষীমায়ৈ নমঃ অর্ঘ্যং সমর্পয়ামি

nidhīnāṁ sarvadevānāṁ tvamanarghyaguṇā hyasi
siṁhoparisthite devi gṛhāṇārghyaṁ namo-stu te
oṁ hrīṁ santoṣīmāyai namaḥ arghyaṁ samarpayāmi

Presented to all the Gods, you, oh Arghya, bring an abundance of pleasure. Oh Goddess who is seated upon the lion, accept this arghya. I bow to you. With this offering of arghya oṁ hrīṁ we bow to Santoṣī Mā, the Divine Mother who bestows satisfaction.

cloth

ॐ शीतवातोष्णसंत्राणं लज्जायै रक्षणं परं ।

देहालंकरणं वस्त्रं अथ शान्तिं प्रयच्छ मे ॥

ॐ ह्रीं सन्तोषीमायै नमः वस्त्रं समर्पयामि

ওঁ শীতবাতোষ্ণ সং ত্রাণং লজ্জায়ৈ রক্ষনং পরং ।
দেহ-লঙ্কারনং বস্ত্রাং অথা শান্তি প্রায়চ্ছ মে ।।
ওঁ হ্রীং সন্তোষীমায়ৈ নমঃ বস্ত্রাং সমর্পয়ামি

oṁ śīta vātoṣṇa saṁ trāṇaṁ
lajjāyai rakṣaṇaṁ paraṁ
dehālaṅkaraṇaṁ vastraṁ
atha śāntiṁ prayaccha me
oṁ hrīṁ santoṣīmāyai namaḥ vastraṁ samarpayāmi

To take away the cold and the wind and to fully protect your modesty, we adorn your body with this cloth, and thereby find the greatest Peace. With this offering of wearing apparel oṁ hrīṁ we bow to Santoṣī Mā, the Divine Mother who bestows satisfaction.

sacred thread

ॐ यज्ञोपवीतं परमं पवित्रं प्रजापतेर्यत् सहजं पुरस्तात् ।

आयुष्यमग्रं प्रतिमुञ्च शुभ्रं यज्ञोपवीतं बलमस्तु तेजः ॥

ওঁ যজ্ঞোপবীতং পরমং পবিত্রং
প্রজাপতের্য়ৎ সহজং পুরস্তাৎ ।
আয়ুষ্যমগ্রং প্রতিমুঞ্চ শুভ্র
যজ্ঞোপবীতং বলমস্তু তেজঃ ।।

oṁ yajñopavītaṁ paramaṁ pavitraṁ
prajāpateryat sahajaṁ purastāt
āyuṣyamagraṁ pratimuñca śubhraṁ
yajñopavītaṁ balamastu tejaḥ

Oṁ the sacred thread of the highest purity is given by Prajāpati, the Lord of Creation, for the greatest facility. You bring life and illuminate the greatness of liberation. Oh sacred thread, let your strength be of radiant light.

शमो दमस्तपः शौचं क्षान्तिरार्जवमेव च ।
ज्ञानं विज्ञानमास्तिक्यं ब्रह्मकर्म स्वभावजम् ॥

শমো দমস্তপঃ শৌচং ক্ষান্তিরার্জবমেব চ ।
জ্ঞানং বিজ্ঞানমাস্তিক্যং ব্রহ্মকর্ম স্বভাবজম্ ।।

śamo damastapaḥ śaucaṁ kṣāntirārjavameva ca
jñānaṁ vijñānamāstikyaṁ
brahmakarma svabhāvajam

Peacefulness, self-control, austerity, purity of mind and body, patience and forgiveness, sincerity and honesty, wisdom, knowledge, and self-realization, are the natural activities of a Brahmaṇa.

नवभिस्तन्तुभिर्युक्तं त्रिगुणं देवतामयं ।
उपवीतं मया दत्तं गृहाण त्वं सुरेश्वरि ॥
ॐ ह्रीं सन्तोषीमायै नमः यज्ञोपवीतं समर्पयामि

নব মির্ষ্টন্তুর্বিয়ুক্তং ত্রিগুণং দেবতা ময়ং ।
উপবীতং ময়া দত্তাং গৃহাণ ত্বং সুরেশ্বরি ।
ওঁ হ্রীং সন্তোষীমায়ৈ নমঃ যজ্ঞোপবীতং
সমর্পয়ামি

navamiṣṭantubhiryuktaṁ triguṇaṁ devatā mayaṁ
upavītaṁ mayā dattaṁ gṛhāṇa tvaṁ sureśvari
oṁ hrīṁ santoṣīmāyai namaḥ yajñopavītaṁ samarpayāmi

With nine desirable threads all united together, exemplifying the three guṇas (or three qualities of harmony of our deity), this sacred thread will be our ambassador. Oh Ruler of the Gods, please accept. With this offering of a sacred thread oṁ hrīṁ we bow to Santoṣī Mā, the Divine Mother who bestows satisfaction.

rudrākṣa

त्र्यम्बकं यजामहे सुगन्धिं पुष्टिवर्द्धनम् ।
उर्व्वारुकमिव बन्धनान्मृत्योर्म्मुक्षीयमामृतात् ॥
ॐ ह्रीं सन्तोषीमायै नमः रुद्राक्षं समर्पयामि

ত্র্যম্বকং যজামহে সুগন্ধিং পুষ্টিবর্দ্ধনম্ ।
উর্বারুকমিব বন্ধনান্মৃত্যোর্ম্মুক্ষীয়মামৃতাৎ ।।
ওঁ হ্রীং সন্তোষীমায়ৈ নমঃ রুদ্রাক্ষং সমর্পয়ামি

tryambakaṁ yajāmahe
sugandhiṁ puṣṭivarddhanam
urvvārukamiva bandhanānmṛtyormmukṣīyamāmṛtāt
oṁ hrīṁ santoṣīmāyai namaḥ rudrākṣaṁ samarpayāmi

We worship the Father of the three worlds, of excellent fame, Grantor of Increase. As a cucumber is released from its bondage to the stem, so may we be freed from Death to dwell in immortality. With this offering of rudrākṣa oṁ hrīṁ we bow to Santoṣī Mā, the Divine Mother who bestows satisfaction.

red powder

ॐ सिन्दूरमरुणाभासं जपाकुसुमसन्निभम् ।

पूजिताऽसि मया देवि प्रसीद परमेश्वरिः ॥

ॐ ह्रीं सन्तोषीमायै नमः सिन्दूरं समर्पयामि

ওঁ সিন্দূরমরুণাভাসং জবাকুসুমসন্নিভম্ ।

পূজিতা-সি ময়া দেবি প্রসীদ পরমেশ্বরি ।।

ওঁ হ্রীং সন্তোষীমায়ৈ নমঃ সিন্দূরং সমর্পয়ামি

oṁ sindūramaruṇābhāsaṁ japākusumasannibham
pūjitā-si mayā devi prasīda parameśvariḥ
oṁ hrīṁ santoṣīmāyai namaḥ sindūraṁ samarpayāmi

Oṁ This red colored powder indicates Love, who drives the chariot of the Light of Wisdom, with which we are worshipping our Goddess. Please be pleased, Oh Great Seer of All. With this offering of red colored powder oṁ hrīṁ we bow to Santoṣī Mā, the Divine Mother who bestows satisfaction.

kuṅkum

ॐ कुङ्कुमं कान्तिदं दिव्यं कामिनी कामसम्भवम् ।

कुङ्कुमेनाऽर्चिते देवि प्रसीद परमेश्वरिः ॥

ॐ ह्रीं सन्तोषीमायै नमः कुङ्कुमं समर्पयामि

ওঁ কুমকুমং কান্তিদং দিব্যং কামিনী কামসম্ভবম্ ।

কুমকুমেনা-র্চিতে দেবি প্রসীদ পরমেশ্বরি ।।

ওঁ হ্রীং সন্তোষীমায়ৈ নমঃ কুমকুমং সমর্পয়ামি

oṁ kuṅkumaṁ kāntidaṁ divyaṁ
kāminī kāmasambhavam
kuṅkumenā-rcite devi prasīda parameśvariḥ
oṁ hrīṁ santoṣīmāyai namaḥ kuṅkumaṁ samarpayāmi

You are being adorned with this divine red powder, which is made more beautiful by the love we share with you, and is so pleasing. Oh Goddess, when we present this red powder be pleased, Oh Supreme Ruler of All. With this offering of red colored powder oṁ hrīṁ we bow to Santoṣī Mā, the Divine Mother who bestows satisfaction.

sandal paste

ॐ श्रीखण्डचन्दनं दिव्यं गन्धाढ्यं सुमनोहरम् ।
विलेपनं च देवेशि चन्दनं प्रतिगृह्यताम् ॥
ॐ ह्रीं सन्तोषीमायै नमः चन्दनं समर्पयामि
ওঁ শ্রীখণ্ডচন্দনং দিব্যং গন্ধাঢ্যং সুমনোহরম্ ।
বিলেপনং চ দেবেশি চন্দনং প্রতিগৃহ্যতাম্ ।।
ওঁ হ্রীং সন্তোষীমায়ৈ নমঃ চন্দনং সমর্পয়ামি

oṁ śrī khaṇḍacandanaṁ divyaṁ
gandhāḍyaṁ sumano haram
vilepanaṁ ca deveśi candanaṁ pratigṛhyatām
oṁ hrīṁ santoṣīmāyai namaḥ candanaṁ samarpayāmi

You are being adorned with this beautiful divine piece of sandal wood, ground to a paste which is so pleasing. Please accept this offering of sandal paste, Oh Supreme Sovereign of all the Gods. With this offering of sandal paste oṁ hrīṁ we bow to Santoṣī Mā, the Divine Mother who bestows satisfaction.

turmeric

ॐ हरिद्रारञ्जिता देवि सुख-सौभाग्यदायिनि ।

तस्मात्त्वं पूजयाम्यत्र दुःख शान्तिं प्रयच्छमे ॥

ॐ ह्रीं सन्तोषीमायै नमः हरिद्रां समर्पयामि

ওঁ হরিদ্রারঞ্জিতা দেবি সুখ-সৌভাগ্যদায়িনি ।
তস্মাত্বং পূজয়াম্যত্র দুঃখ শান্তিং পযচ্ছমে ।।
ওঁ হ্রীং সন্তোষীমায়ৈ নমঃ হরিদ্রাং সমর্পয়ামি

oṁ haridrārañjitā devi sukha saubhāgyadāyini
tasmāttvaṁ pūjayāmyatra
duḥkha śāntiṁ prayacchame
oṁ hrīṁ santoṣīmāyai namaḥ haridrāṁ samarpayāmi

Oh Goddess, you are being gratified by this tumeric, the giver of comfort and beauty. When you are worshipped like this, then you must bestow upon us the greatest peace. With this offering of tumeric oṁ hrīṁ we bow to Santoṣī Mā, the Divine Mother who bestows satisfaction.

bracelets

ॐ माणिक्यमुक्ताखण्डयुक्ते सुवर्णकारेण च संस्कृते ये ।

ते किङ्किणीभिः स्वरिते सुवर्णे

मयाऽर्पिते देवि गृहाण कङ्कणे ॥

ॐ ह्रीं सन्तोषीमायै नमः कङ्कणे समर्पयामि

ওঁ মাণিক্য মুক্তা খণ্ডযুক্তে
সুবর্ণকারেণ চ সংস্কৃতে যে ।
তে কিংকিণীভিঃ স্বরিতে সুবর্ণে
ময়া-র্পিতে দেবি গৃহাণ কংকণে ।।

ওঁ হ্রীং সন্তোষীমায়ৈ নমঃ কংকণে সমর্পয়ামি

oṁ māṇikya muktā khaṇḍayukte
suvarṇakāreṇa ca saṁskṛte ye
te kiṅkiṇībhiḥ svarite suvarṇe
mayā-rpite devi gṛhāṇa kaṅkaṇe
oṁ hrīṁ santoṣīmāyai namaḥ kaṅkaṇe samarpayāmi

Oṁ United with gems and pearls, excellent gold and the alphabets of Saṁskṛta, this bracelet is yours and radiance I am offering. Oh Goddess, accept this bracelet. With this offering of a bracelet oṁ hrīṁ we bow to Santoṣī Mā, the Divine Mother who bestows satisfaction.

conch ornaments

ॐ शङ्खञ्च विविधं चित्रं बाहूनाञ्च विभूषणम् ।
मया निवेदितं भक्त्या गृहाण परमेश्वरि ॥
ॐ ह्रीं सन्तोषीमायै नमः शङ्खालङ्कारं समर्पयामि

ওঁ শঙ্খঞ্চ বিবিধং চিত্রং বাহূনাঞ্চবিভূষণম্ ।
ময়া নিবেদিতং ভক্ত্যা গৃহাণ পরমেশ্বরি ।।
ওঁ হ্রীং সন্তোষীমায়ৈ নমঃ শঙ্খালঙ্কারং সমর্পয়ামি

oṁ śaṅkhañca vividhaṁ citraṁ
bāhūnāñca vibhūṣaṇam
mayā niveditaṁ bhaktyā gṛhāṇa parameśvari
oṁ hrīṁ santoṣīmāyai namaḥ śaṅkhālaṅkāraṁ samarpayāmi

I am offering you with devotion ornaments worn upon the arms made of various qualities of conch shell. Please accept them, oh Supreme Divinity. With this offering of ornaments made of conch shell oṁ hrīṁ we bow to Santoṣī Mā, the Divine Mother who bestows satisfaction.

ornaments

ॐ दिव्यरत्नसमायुक्ता वह्निभानुसमप्रभाः ।
गात्राणि शोभयिष्यन्ति अलङ्काराः सुरेश्वरि ॥
ॐ ह्रीं सन्तोषीमायै नमः अलङ्कारान् समर्पयामि
ওঁ দিব্যরত্নসমাযুক্তা বহ্নিভানুসমপ্রভা ।
গাত্রাণি শোভয়িষ্যন্তি আলংকার সুরেশ্বরি ।।
ওঁ হ্রীং সন্তোষীমায়ৈ নমঃ আলঙ্কারং সমর্পয়ামি

oṁ divyaratnasamāyuktā vahnibhānusamaprabhāḥ
gātrāṇi śobhayiṣyanti alaṅkārāḥ sureśvari
oṁ hrīṁ santoṣīmāyai namaḥ alaṅkārān samarpayāmi

Oṁ United with divine jewels that are radiant like fire, and stones which are shining, please accept these ornaments, oh Supreme among the Gods. With this offering of ornaments oṁ hrīṁ we bow to Santoṣī Mā, the Divine Mother who bestows satisfaction

rice

अक्षतान् निर्मलान् शुद्धान् मुक्ताफलसमन्वितान् ।
गृहाणेमान् महादेवि देहि मे निर्मलां धियम् ॥
ॐ ह्रीं सन्तोषीमायै नमः अक्षतान् समर्पयामि
অক্ষতান্ নির্মলান্ শুদ্ধান্ মুক্তাফলসমন্বিতান্ ।
গৃহাণেমান্ মহাদেবি দেহি মে নির্মলাং ধিয়ম্ ।।
ওঁ হ্রীং সন্তোষীমায়ৈ নমঃ অক্ষতাং সমর্পয়ামি

akṣatān nirmalān śuddhān muktāphalasamanvitān
gṛhāṇemān mahādevi dehi me nirmalāṁ dhiyam
oṁ hrīṁ santoṣīmāyai namaḥ akṣatān samarpayāmi

Oh Great Goddess, please accept these grains of rice, spotlessly clean, bestowing the fruit of liberation, and give us a spotlessly clean mind. With this offering of grains of rice oṁ hrīṁ we bow to Santoṣī Mā, the Divine Mother who bestows satisfaction.

food offering

ॐ सत्पात्रं शुद्धसुहविर्व्विविधानेकभक्षणम् ।

निवेदयामि देवेशि सर्वतृप्तिकरं परम् ॥

ওঁ সৎ পাত্রশুদ্ধসুহবির্বিবিধানেকভক্ষণম্ ।

নিবেদয়ামি দেবেশি সর্বতৃপ্তিকরং পরম্ ।।

oṁ satpātraṁ śuddhasuhavirv
vividhānekabhakṣaṇam
nivedayāmi deveśi sarvatṛptikaraṁ param

Oṁ This ever-present platter containing varieties of the purest offerings of food we are presenting to the Lord of Gods to cause all satisfaction, most excellent and transcendental.

ॐ अन्नपूर्णे सदा पूर्णे शङ्करप्राणवल्लभे ।

ज्ञानवैराग्यसिद्ध्यर्थं भिक्षां देहि नमोऽस्तु ते ॥

ওঁ অন্নপূর্ণে সদা পূর্ণে শঙ্কর প্রাণবল্লভে ।

জ্ঞানবৈরাগ্যসিদ্ধ্যর্থং ভিক্ষাং দেহি নমো-স্তু তে ।।

oṁ annapūrṇe sadā pūrṇe śaṅkara prāṇavallabhe
jñānavairāgyasiddhyarthaṁ
bhikṣāṁ dehi namo-stu te

Oṁ Goddess who is full, complete and perfect with food and grains, always full, complete and perfect, the strength of the life force of Śiva, the Cause of Peace. For the attainment of perfection in wisdom and renunciation, please give us offerings. We bow down to you.

माता च पार्वती देवी पिता देवो महेश्वरः ।
बान्धवाः शिवभक्ताश्च स्वदेशो भुवनत्रयम् ॥

মাতা চ পার্বতী দেবী পিতা দেবো মহেশ্বরঃ ।
বান্ধবাঃ শিবভক্তাশ্চ স্বদেশো ভুবনত্রয়ম্ ।।

mātā ca pārvatī devī pitā devo maheśvaraḥ
bāndhavāḥ śivabhaktāśca svadeśo bhuvanatrayam

Our Mother is the Goddess, Pārvatī, and our Father is the Supreme Lord, Maheśvara. The Consciousness of Infinite Goodness, Śiva, Lord of the three worlds, is being extolled by his devotees.

ॐ ह्रीं सन्तोषीमायै नमः भोगनैवेद्यम् समर्पयामि

ওঁ হ্রীং সন্তোষীমায়ৈ নমঃ ভোগ নৈবেদ্যম্
সমর্পয়ামি

oṁ hrīṁ santoṣīmāyai namaḥ bhog-naivedyam samarpayāmi

With this presentation of food oṁ hrīṁ we bow to Santoṣī Mā, the Divine Mother who bestows satisfaction.

drinking water

ॐ समस्तदेवदेवेशि सर्वतृप्तिकरं परम् ।
अखण्डानन्दसम्पूर्णं गृहाण जलमुत्तमम् ॥
ॐ ह्रीं सन्तोषीमायै नमः पानार्थं जलम् समर्पयामि

ওঁ সমস্ত দেবদেবেশি সর্বতৃপ্তিকরং পরম্ ।
অখণ্ডানন্দ সম্পূর্ণ গৃহাণ জলমুত্তমম্ ।।
ওঁ হ্রীং সন্তোষীমায়ৈ নমঃ পানার্থং জলম্
সমর্পয়ামি

oṁ samasta devadeveśi sarvatṛptikaraṁ param
akhaṇḍānanda sampūrṇaṁ gṛhāṇa jalamuttamam
oṁ hrīṁ santoṣīmāyai namaḥ pānārthaṁ jalam samarpayāmi

Oṁ Goddess of All the Gods and the fullness of Infinite Bliss, please accept this excellent drinking water. With this offering of drinking water oṁ hrīṁ we bow to Santoṣī Mā, the Divine Mother who bestows satisfaction.

betel nuts

पूगीफलं महद्दिव्यं नागवल्ली दलैर्युतम् ।
एलादिचूर्णसंयुक्तं ताम्बूलं प्रतिगृह्यताम् ॥
ॐ ह्रीं सन्तोषीमायै नमः ताम्बूलं समर्पयामि
পূগীফলং মহদ্দিব্যং নাগবল্লি দলৈর্য্যুতম্ ।
এলাদি চূর্ণসংযুক্তং তাম্বূলং প্রতিগৃহ্যতাম্ ।।
ওঁ হ্রীং সন্তোষীমায়ৈ নমঃ তাম্বূলং সমর্পয়ামি

pūgīphalaṁ mahaddivyaṁ nāgavallī dalairyutam
elādicūrṇasaṁyuktaṁ tāmbūlaṁ pratigṛhyatām
oṁ hrīṁ santoṣīmāyai namaḥ tāmbūlaṁ samarpayāmi

These betel nuts, which are great and divine, come from vines that creep like a snake. United with cardamom ground to a powder, please accept this offering of mouth-freshening betel nuts. With this offering of mouth freshening betel nuts oṁ hrīṁ we bow to Santoṣī Mā, the Divine Mother who bestows satisfaction.

dakṣiṇā

ॐ पूजाफलसमृद्ध्यर्थं तवाग्रे स्वर्णमीश्वरि ।

स्थापितं तेन मे प्रीता पूर्णान् कुरु मनोरथान् ॥

ওঁ পূজাফলসমৃদ্ধ্যর্থং তবাগ্রে স্বর্ণমীশ্বরি ।

স্থাপিতং তেন মে প্রীতা পূর্ণান্ কুরু মনোরথান্ ।।

oṁ pūjāphalasmṛddhyarthaṁ tavāgre svarṇamīśvari
sthāpitaṁ tena me prītā pūrṇān kuru manorathān

Oṁ For the purpose of increasing the fruits of worship, Oh Supreme Goddess of all Wealth, we establish this offering of that which is dear to me. Bring to perfection the journey of my mind.

हिरण्यगर्भगर्भस्थं हेमबीजं विभावसोः ।

अनन्तपुण्यफलदमतः शान्तिं प्रयच्छ मे ॥

হিরণ্যগর্ভগর্ভস্থং হেমবীজং বিভাবসো ।

অনন্তপুণ্যফলদমতঃ শান্তি প্রযচ্ছ মে ।।

hiraṅyagarbhagarbhasthaṁ hemabījaṁ vibhāvasoḥ
anantapuṇyaphaladamataḥ śāntiṁ prayaccha me

Oh Golden Womb, in whom all wombs are situated, shining brightly with the golden seed. Give infinite merits as fruits, we are wanting for peace.

ॐ ह्रीं सन्तोषीमायै नमः दक्षिणां समर्पयामि

ওঁ হ্রীং সন্তোষীমায়ৈ নমঃ দক্ষিণাং সমর্পয়ামি

oṁ hrīṁ santoṣīmāyai namaḥ dakṣiṇāṁ samarpayāmi

Oṁ With this offering of wealth oṁ hrīṁ we bow to Santoṣī Mā, the Divine Mother who bestows satisfaction.

umbrella

छत्रं देवि जगद्धात्रि ! घर्मवातप्रणाशनम् ।

गृहाण हे महामाये ! सौभाग्यं सर्वदा कुरु ॥

ॐ ह्रीं सन्तोषीमायै नमः छत्रं समर्पयामि

ছত্রং দেবি জগদ্ধাত্রি ! ঘর্ম বাত প্রনাশনম্ ।

গৃহাণ হে মহামায়ে ! সৌভাগ্যং সর্বদা কুরু ।।

ওঁ হ্রীং সন্তোষীমায়ৈ নমঃ ছত্রং সমর্পয়ামি

chatraṁ devi jagaddhātri gharma vāta praṇāśanam
gṛhāṇa he mahāmāye saubhāgyaṁ sarvadā kuru
oṁ hrīṁ santoṣīmāyai namaḥ chatraṁ samarpayāmi

Oh Goddess, Creator of the Universe! This umbrella will protect you from heat and wind. Please accept it, oh Great Māyā, and remain always beautiful. With this offering of an umbrella oṁ hrīṁ we bow to Santoṣī Mā, the Divine Mother who bestows satisfaction.

fly whisk

चामरं हे महादेवि चमरीपुच्छनिर्मितम् ।

गृहीत्वा पापराशीनां खण्डनं सर्वदा कुरु ॥

ॐ ह्रीं सन्तोषीमायै नमः चामरं समर्पयामि

চামরং হে মহাদেবি ! চমরীপুচ্ছনির্মিতম্ ।

গৃহীত্বা পাপরাশীনাং খণ্ডনং সর্বদা কুরু ।।

ওঁ হ্রীং সন্তোষীমায়ৈ নমঃ চামরং সমর্পয়ামি

cāmaraṁ he mahādevi camarīpucchanirmitam
gṛhītvā pāparāśīnāṁ khaṇḍanaṁ sarvadā kuru
oṁ hrīṁ santoṣīmāyai namaḥ cāmaraṁ samarpayāmi

Oh Great Goddess, this fly whisk is made of yak's tail. Please accept it, and always whisk away all sin. With this offering of a fly whisk oṁ hrīṁ we bow to Santoṣī Mā, the Divine Mother who bestows satisfaction.

fan

बर्हिर्बर्हकृताकारं मध्यदण्डसमन्वितम् ।

गृह्यतां व्यजनं देवि देहस्वेदापनुत्तये ॥

ॐ ह्रीं सन्तोषीमायै नमः तालवृन्तं समर्पयामि

বর্হির্বর্হকৃতাকারং মধ্যদণ্ড সমন্বিতম্ ।

গৃহ্যতাং ব্যজনং দেবি দেহস্বেদাপনুত্তয়ে ।।

ওঁ হ্রীং সন্তোষীমায়ৈ নমঃ তালবৃন্তং সমর্পয়ামি

barhirbarhakṛtākāraṁ madhyadaṇḍa samanvitam
gṛhyatāṁ vyajanaṁ devi dehasvedāpanuttaye
oṁ hrīṁ santoṣīmāyai namaḥ tālavṛntaṁ samarpayāmi

It moves back and forth with equanimity and has a stick in the middle. Please accept this fan, oh Goddess, to keep the perspiration from your body. With this offering of a fan oṁ hrīṁ we bow to Santoṣī Mā, the Divine Mother who bestows satisfaction.

mirror

दर्पणं विमलं रम्यं शुद्धबिम्बप्रदायकम् ।

आत्मबिम्बप्रदर्शनार्थर्पयामि महेश्वरि ! ॥

ॐ ह्रीं सन्तोषीमायै नमः दर्पणं समर्पयामि

দর্পণং বিমলং রম্যং শুদ্ধবিম্বপ্রদায়কম্ ।
আত্মবিম্বপ্রদর্শার্থমর্পয়ামি মহেশ্বরি ।।
ওঁ হ্রীং সন্তোষীমায়ৈ নমঃ দর্পণং সমর্পয়ামি

darpaṇaṁ vimalaṁ ramyaṁ
śuddhabimbapradāyakam
ātmabimbapradarśanārtharpayāmi maheśvari
oṁ hrīṁ santoṣīmāyai namaḥ darpaṇaṁ samarpayāmi

This beautiful mirror will give a pure reflection. In order to reflect my soul, I am offering it to you, oh Great Seer of all. With this offering of a mirror oṁ hrīṁ we bow to Santoṣī Mā, the Divine Mother who bestows satisfaction.

ārātrikam

ॐ चन्द्रादित्यौ च धरणी विद्युदग्निस्तथैव च ।
त्वमेव सर्वज्योतीषिं आरात्रिकं प्रतिगृह्यताम् ॥
ॐ ह्रीं सन्तोषीमायै नमः आरात्रिकं समर्पयामि

ওঁ চন্দ্রাদিত্যৌ চ ধরণী বিদ্যুদগ্নিস্তথৈব চ ।
ত্বমেব সর্বজ্যোতীষিং আরাত্রিক্যং প্রতিগৃহ্যতাম্ ।।
ওঁ হ্রীং সন্তোষীমায়ৈ নমঃ আরাত্রিক্যং সমর্পয়ামি ।।

oṁ candrādityau ca dharaṇī vidyudagnistathaiva ca
tvameva sarvajyotīṣiṁ ārātrikaṁ pratigṛhyatām
oṁ hrīṁ santoṣīmāyai namaḥ ārātrikaṁ samarpayāmi

Oṁ All knowing as the Moon, the Sun and the Divine Fire, you alone are all light, and this light we request you to accept. With this offering of light oṁ hrīṁ we bow to Santoṣī Mā, the Divine Mother who bestows satisfaction.

flower

मल्लिकादि सुगन्धीनि मालित्यादीनि वै प्रभो ।

मयाऽहृतानि पूजार्थं पुष्पाणि प्रतिगृह्यताम् ॥

ॐ ह्रीं सन्तोषीमायै नमः पुष्पम् समर्पयामि

মল্লিকাদি সুগন্ধীনি মালিত্যাদীনি বৈ প্রভো ।

ময়া-হৃতানি পূজার্থং পুষ্পাণি প্রতিগৃহ্যতাম্ ।।

ওঁ হ্রীং সন্তোষীমায়ৈ নমঃ পুষ্পম্ সমর্পয়ামি

mallikādi sugandhīni mālityādīni vai prabho
mayā-hṛtāni pūjārthaṁ puṣpāṇi pratigṛhyatām
oṁ hrīṁ santoṣīmāyai namaḥ puṣpam samarpayāmi

Various flowers, such as mallikā and others of excellent scent, are being offered to you, Our Lord. All these flowers have come from the devotion of our hearts for your worship. Please accept them. With this offering of a flower oṁ hrīṁ we bow to Santoṣī Mā, the Divine Mother who bestows satisfaction.

यज्ञेन यज्ञमयजन्त देवास्तानि धर्म्माणि प्रथमान्यासन् ।

ते ह नाकं महिमानः सचन्त यत्र पूर्वे साध्याः सन्ति देवाः ॥

যজ্ঞেন যজ্ঞময়জন্ত দেবাস্তানি ধর্ম্মাণি প্রথমান্যাসন্ ।

তে হ নাকং মহিমানঃ সচন্ত যত্র পূর্বে

সাধ্যাঃ সন্তি দেবাঃ ।।

yajñena yajñamayajanta devāstāni
dharmmāṇi prathamānyāsan
te ha nākaṁ mahimānaḥ sacanta yatra pūrve
sādhyāḥ santi devāḥ

By sacrifice, the Gods gave birth to sacrifice, and the first principles of eternal Dharma were established. Those who live according to the glorious way, ultimately reach the highest abode where the Gods dwell in that ancient perfection.

ॐ राजाधिराजाय प्रसह्य साहिने नमो वयं वैश्रवणाय कुर्महे
स मे कामान् कामकामाय मह्यं कामेश्वरो वैश्रवणो ददातु ।
कुबेराय वैश्रवणाय महाराजाय नमः ॥

ওঁ রাজাধিরাজায় প্রসহ্য সাহিনে
নমো বয়ং বৈশ্রবণায় কুর্মহে
স মে কামান্ কামকামায় মহ্যং
কামেশ্বরো বৈশ্রবণো দদাতু ।
কুবেরায় বৈশ্রবণায় মহারাজায় নমঃ ।।

oṁ rājādhirājāya prasahya sāhine namo vayaṁ vaiśravaṇāya kurmahe sa me kāmān kāmakāmāya mahyaṁ kāmeśvaro vaiśravaṇo dadātu kuberāya vaiśravaṇāya mahārājāya namaḥ

Without any selfish interest we bow down to the universal being, the King of kings, the Lord of all desires, the Universal Being. May He grant to me the full and complete enjoyment of the desire of all desires: dharma (the ideal of perfection), artha (the material necessities of life), kāma (the perfection of desire) and mokṣa (self-realization).

ॐ स्वस्ति साम्राज्यं स्वाराज्यं वैराज्यं पारमेष्ठ्यं राज्यं महाराज्यमाधिपत्यमयं समन्तपर्यायि स्यात् । सार्वभौमः सार्वायुषां तदा परार्धात् पृथिव्यै समुद्रपर्यन्तायाऽएराडिति । तदप्येष श्लोकोऽभिगीतो मरुतः परिवेष्टारो मरुत्तस्या ऽवसन् गृहे । आवीक्षितस्य कामप्रेर्विश्वेदेवाः सभासद इति ॥

ওঁ স্বস্তি সাম্রাজ্যং স্বারাজ্যং বৈরাজ্যং পারমেষ্ঠ্যং রাজ্যং মহারাজ্যমাধিপত্যময়ং সমন্তপর্যায়ৈ স্যাৎ । সার্বভৌমঃ সার্বায়ুষাং তদা পরার্ধাৎ পৃথিব্যৈ সমুদ্রপর্যন্তায়া-এরাডিতি । তদপ্যেষ শ্লোকো-ভিগীতো মরুতঃ পরিবেষ্টারো মরুত্তস্যা-বসন্ গৃহে । আবীক্ষিতস্য কামপ্রের্বিশ্বেদেবাঃ সভাসদ ইতি ।।

oṁ svasti sāmrājyaṁ svārājyaṁ vairājyaṁ pārameṣṭhyaṁ rājyaṁ mahārājyamādhipatyamayaṁ samantaparyāyai syāt sārvabhaumaḥ sārvāyuṣāṁ tadā parārdhāt pṛthivyai samudraparyantāyā-erāḍiti tadapyeṣa śloko-bhigīto marutaḥ pariveṣṭāro maruttasyā-vasan gṛhe āvīkṣitasya kāmaprerviśvedevāḥ sabhāsada iti

Oṁ Let blessings flow to all of the kingdom, His own kingdom, the universal kingdom, the kingdom of the Supreme Divinity, the great kingdom of our Lord greater than the greatest, in the equilibrium of spiritual austerities. All that lives in the heavens or on the earth or in the seas is thus united. Those spiritual aspirants who sing these verses can aspire to dwell in the home of the purified. Having no unfulfilled desires, only desiring as the Universal Gods always.

ॐ विश्वतश्चक्षुरुत विश्वतो मुखो विश्वतो बाहुरुत विश्वतस्पात् । सम्बाहुभ्यां धमति सम्पतत् त्रैर्द्यावा भूमिं जनयन् देव एकः ॥

ওঁ বিশ্বতশ্চক্ষুরুত বিশ্বতো মুখো বিশ্বতা বাহুরুত বিশ্বতস্পাৎ । সম্বাহুভ্যাং ধমতি সম্পতৎ ত্রৈর্দ্যাবা ভূমিং জনয়ন্ দেব একঃ ।।

oṁ viśvataścakṣuruta viśvato mukho viśvato bāhuruta viśvataspāt
sambāhubhyāṁ dhamati sampatat trairdyāvā bhūmiṁ janayan deva ekaḥ

Oṁ He who sees the universe, the mouth of the universe, the arms of the universe, the feet of the universe. He is One God, whose two arms and two wings make possible all the activities of all that lives in the heavens and on earth.

108 Names of Santoshi Maa

१

ॐ सन्तोषी मायै नमः
ওঁ সন্তোষী মায়ৈ নমঃ
oṁ santoṣī māyai namaḥ
Oṁ We bow to the Mother of Satisfaction

२

ॐ सन्तोष नियत्यै नमः
ওঁ সন্তোষ নিয়ত্যৈ নমঃ
oṁ santoṣ niyatyai namaḥ
Oṁ We bow to the Eternal Satisfaction

३

ॐ सन्तोष रूपिण्यै नमः
ওঁ সন্তোষ রূপিণ্যৈ নমঃ
oṁ santoṣ rūpiṇyai namaḥ
Oṁ We bow to the Form of Satisfaction

४

ॐ सन्तोष दायिण्यै नमः
ওঁ সন্তোষ দায়িণ্যৈ নমঃ
oṁ santoṣ dāyiṇyai namaḥ
Oṁ We bow to the Giver of Satisfaction

५

ॐ सन्तोष स्वरूपिण्यै नमः
ওঁ সন্তোষ স্বরূপিণ্যৈ নমঃ
oṁ santoṣ svarūpiṇyai namaḥ
Oṁ We bow to the Intrinsic Nature of Satisfaction

६

ॐ सन्तोष प्रदायिण्यै नमः
ওঁ সন্তোষ প্রদায়িণ্যৈ নমঃ
oṁ santoṣ pradāyiṇyai namaḥ
Oṁ We bow to the Presenter of Satisfaction

७

ॐ सन्तोष ब्रह्मरूपिण्यै नमः
ওঁ সন্তোষ ব্রহ্মরূপিণ্যৈ নমঃ
oṁ santoṣ brahmarūpiṇyai namaḥ
Oṁ We bow to the Form of Divine Satisfaction

८

ॐ सन्तोष आनन्ददायिण्यै नमः
ওঁ সন্তোষ আনন্দদায়িণ্যৈ নমঃ
oṁ santoṣ ānandadāyiṇyai namaḥ
Oṁ We bow to the Giver of the Bliss Satisfaction

९

ॐ सन्तोष शिवमरूपिण्यै नमः
ওঁ সন্তোষ শিবমরূপিণ্যৈ নমঃ
oṁ santoṣ śivamrūpiṇyai namaḥ
Oṁ We bow to the Form of the Consciousness of Infinite Goodness of Satisfaction

९९

१०

ॐ सन्तोष सुन्दर प्रदायिण्यै नमः

ওঁ সন্তোষ সুন্দর প্রদায়িণ্যৈ নমঃ

oṁ santoṣ sundara pradāyiṇyai namaḥ

Oṁ We bow to the Presenter of the Beauty of Satisfaction

११

ॐ सन्तोष स्थूलरूपिण्यै नमः

ওঁ সন্তোষ স্থূলরূপিণ্যৈ নমঃ

oṁ santoṣ sthūlarūpiṇyai namaḥ

Oṁ We bow to the Gross Form of Satisfaction

१२

ॐ सन्तोष सुक्ष्मरूपिण्यै नमः

সন্তোষ সুক্ষ্মরূপিণ্যৈ নমঃ

oṁ santoṣ sukṣmarūpiṇyai namaḥ

Oṁ We bow to the Subtle Form of Satisfaction

१३

ॐ सन्तोष कारणरूपिण्यै नमः

ওঁ সন্তোষ কারণরূপিণ্যৈ নমঃ

oṁ santoṣ kāraṇarūpiṇyai namaḥ

Oṁ We bow to the Casual Form of Satisfaction

१४

ॐ सन्तोष पूर्णरूपिण्यै नमः

ওঁ সন্তোষ পূর্ণরূপিণ্যৈ নমঃ

oṁ santoṣ pūrṇarūpiṇyai namaḥ

Oṁ We bow to she who gives the Boon of Satisfaction

১৫

ॐ सन्तोष वरदायिण्यै नमः

ওঁ সন্তোষ বরদায়িণ্যৈ নমঃ

oṁ santoṣ varadāyiṇyai namaḥ

Oṁ We bow to she who gives the Boon of Satisfaction

১৬

ॐ सन्तोष अभयदायिण्यै नमः

ওঁ সন্তোষ অভয়দায়িণ্যৈ নমঃ

oṁ santoṣ abhayadāyiṇyai namaḥ

Oṁ We bow to she who gives Freedom from Fear of Satisfaction

১৭

ॐ सन्तोष शत्रुविनाशिण्यै नमः

ওঁ সন্তোষ শত্রুবিনাশিণ্যৈ নমঃ

oṁ santoṣ śatruvināśiṇyai namaḥ

Oṁ We bow to she who Destroys the Enemies of Satisfaction

১৮

ॐ सन्तोष जन्मदायिण्यै नमः

ওঁ সন্তোষ জন্মদায়িণ্যৈ নমঃ

oṁ santoṣ janmadāyiṇyai namaḥ

Oṁ We bow to she who gives Birth to Satisfaction

१९

ॐ सन्तोष कर्मदायिण्यै नमः
ওঁ সন্তোষ কর্মদায়িণৈ্য নমঃ
oṁ santoṣ karmadāyiṇyai namaḥ
Oṁ We bow to she who gives the Activities of Satisfaction

२०

ॐ सन्तोष सच्चिदानन्दायै नमः
ওঁ সন্তোষ সৎচিদানন্দায়ৈ নমঃ
oṁ santoṣ satcidānandāyai namaḥ
Oṁ We bow to she who gives the Bliss of Truth and Consciousness of Satisfaction

२१

ॐ सन्तोष विघ्नविनाशिण्यै नमः
ওঁ সন্তোষ বিঘ্নবিনাশিণৈ্য নমঃ
oṁ santoṣ vighnavināśiṇyai namaḥ
Oṁ We bow to she Destroys All Obstacles to Satisfaction

२२

ॐ सन्तोष बुद्धिदायिण्यै नमः
ওঁ সন্তোষ বুদ্ধিদায়িণৈ্য নমঃ
oṁ santoṣ buddhidāyiṇyai namaḥ
Oṁ We bow to she who gives the Intellect of Satisfaction

२३

ॐ सन्तोष सिद्धिदायिण्यै नमः

ওঁ সন্তোষ সিদ্ধিদায়িণ্যৈ নমঃ

oṁ santoṣ siddhidāyiṇyai namaḥ

Oṁ We bow to she who gives the Attainment of Satisfaction

२४

ॐ सन्तोष शुभलाभ्यै नमः

ওঁ সন্তোষ শুভলাভ্যৈ নমঃ

oṁ santoṣ śubhalābhyai namaḥ

Oṁ We bow to she who gives the Pure Gain of Satisfaction

२५

ॐ सन्तोष ज्ञानस्वरूपायै नमः

ওঁ সন্তোষ জ্ঞানস্বরূপায়ৈ নমঃ

oṁ santoṣ jñānasvarūpāyai namaḥ

Oṁ We bow to she who is the Intrinsic Nature of the Wisdom of Satisfaction

२६

ॐ सन्तोष निराहंकार्यै नमः

ওঁ সন্তোষ নিরাহংকার্য্যৈ নমঃ

oṁ santoṣ nirāhaṁkāryai namaḥ

Oṁ We bow to she who has No Ego in Satisfaction

২৭

ॐ सन्तोष तृप्तिस्वरूपायै नमः
ওঁ সন্তোষ তৃপ্তিস্বরূপায়ৈ নমঃ
oṁ santoṣ tṛptisvarūpāyai namaḥ
Oṁ We bow to she who is the Intrinsic Nature of the Form of Extreme Satisfaction

২৮

ॐ सन्तोष आदिदेव्यै नमः
ওঁ সন্তোষ আদিদেব্যৈ নমঃ
oṁ santoṣ ādidevyai namaḥ
Oṁ We bow to she who is the Primary Deity of Satisfaction

২৯

ॐ सन्तोष परब्रह्मायै नमः
ওঁ সন্তোষ পরব্রহ্মায়ৈ নমঃ
oṁ santoṣ parabrahmāyai namaḥ
Oṁ We bow to she who is the Supreme Divinity of Satisfaction

৩০

ॐ सन्तोष सृष्टिरूपायै नमः
ওঁ সন্তোষ সৃষ্টিরূপায়ৈ নমঃ
oṁ santoṣ sṛṣṭirūpāyai namaḥ
Oṁ We bow to she who is the Form of the Creation of Satisfaction

३१

ॐ सन्तोष स्थितिरूपायै नमः

ওঁ সন্তোষ স্থিতিরূপায়ৈ নমঃ

oṁ santoṣ sthitirūpāyai namaḥ

Oṁ We bow to she who is the Circumstance of Satisfaction

३२

ॐ सन्तोष लयरूपिण्यै नमः

ওঁ সন্তোষ লয়রূপিণ্যৈ নমঃ

oṁ santoṣ layarūpiṇyai namaḥ

Oṁ We bow to she who is the Dissolution of Satisfaction

३३

ॐ सन्तोष कारनरूपिण्यै नमः

ওঁ সন্তোষ কারনরূপিণ্যৈ নমঃ

oṁ santoṣ kāranarūpiṇyai namaḥ

Oṁ We bow to she who is the Cause of Satisfaction

३४

ॐ सन्तोष शक्तिरूपिण्यै नमः

ওঁ সন্তোষ শক্তিরূপিণ্যৈ নমঃ

oṁ santoṣ śaktirūpiṇyai namaḥ

Oṁ We bow to she who is the Form of the Energy of Satisfaction

३५

ॐ सन्तोष तुष्टिरूपिण्यै नमः
ওঁ সন্তোষ তুষ্টিরূপিণ্যৈ নমঃ
oṁ santoṣ tuṣṭirūpiṇyai namaḥ
Oṁ We bow to she who is the Form of Contentment of Satisfaction

३६

ॐ सन्तोष कल्याणरूपिण्यै नमः
ওঁ সন্তোষ কল্যাণরূপিণ্যৈ নমঃ
oṁ santoṣ kalyāṇarūpiṇyai namaḥ
Oṁ We bow to she who is the Form of the Welfare of Satisfaction

३७

ॐ सन्तोष कालविनाशिण्यै नमः
ওঁ সন্তোষ কালবিনাশিণ্যৈ নমঃ
oṁ santoṣ kālavināśiṇyai namaḥ
Oṁ We bow to she who is the Destroyer of the Time Limits of Satisfaction

३८

ॐ सन्तोष निर्गुणायै नमः
ওঁ সন্তোষ নির্গুণায়ৈ নমঃ
oṁ santoṣ nirguṇāyai namaḥ
Oṁ We bow to she who is Beyond All Qualities of Satisfaction

৩৯

ॐ सन्तोष सगुणायै नमः
ওঁ সন্তোষ সগুণায়ৈ নমঃ
oṁ santoṣ saguṇāyai namaḥ
Oṁ We bow to she who is With All Qualities of Satisfaction

৪০

ॐ सन्तोष शान्तिदायिण्यै नमः
ওঁ সন্তোষ শান্তিদায়িণ্যৈ নমঃ
oṁ santoṣ śāntidāyiṇyai namaḥ
Oṁ We bow to she who gives the Peace of Satisfaction

৪১

ॐ सन्तोष भक्तिदायिण्यै नमः
ওঁ সন্তোষ ভক্তিদায়িণ্যৈ নমঃ
oṁ santoṣ bhaktidāyiṇyai namaḥ
Oṁ We bow to she who gives the Devotion of Satisfaction

৪২

ॐ सन्तोष मुक्तिप्रदायिण्यै नमः
ওঁ সন্তোষ মুক্তিপ্রদায়িণ্যৈ নমঃ
oṁ santoṣ muktipradāyiṇyai namaḥ
Oṁ We bow to she who gives Presents the Liberation of Satisfaction

৪৩

ॐ सन्तोष सर्वशक्तिदायिण्यै नमः
ওঁ সন্তোষ সর্বশক্তিদায়িণ্যৈ নমঃ
oṁ santoṣ sarvaśaktidāyiṇyai namaḥ
Oṁ We bow to she who gives All the Energy of Satisfaction

४४

ॐ सन्तोष सृष्टिरक्षायै नमः

ওঁ সন্তোষ সৃষ্টিরক্ষায়ৈ নমঃ

oṁ santoṣ sṛṣṭirakṣāyai namaḥ

Oṁ We bow to she who Protects the Creation in Satisfaction

৪৫

ॐ सन्तोष स्थितिपालिण्यै नमः

ওঁ সন্তোষ স্থিতিপালিণ্যৈ নমঃ

oṁ santoṣ sthitipāliṇyai namaḥ

Oṁ We bow to she who Protects the Circumstances of Satisfaction

४६

ॐ सन्तोष वरप्रदायिण्यै नमः

ওঁ সন্তোষ বরপ্রদায়িণ্যৈ নমঃ

oṁ santoṣ varapradāyiṇyai namaḥ

Oṁ We bow to she who bestows the Boon of Satisfaction

৪৭

ॐ सन्तोष अभयप्रदायिण्यै नमः

ওঁ সন্তোষ অভয়প্রদায়িণ্যৈ নমঃ

oṁ santoṣ abhayapradāyiṇyai namaḥ

Oṁ We bow to she who Presents Freedom from Fear in Satisfaction

৪৮

ॐ सन्तोष अन्नदायिण्यै नमः

ওঁ সন্তোষ অন্নদায়িণ্যৈ নমঃ

oṁ santoṣ annadāyiṇyai namaḥ

Oṁ We bow to she who gives Food to Satisfaction

৪৯

ॐ सन्तोष सत्यरूपिण्यै नमः

ওঁ সন্তোষ সত্যরূপিণ্যৈ নমঃ

oṁ santoṣ satyarūpiṇyai namaḥ

Oṁ We bow to the Form of Truth in Satisfaction

৫০

ॐ सन्तोष दारिद्र्नाशिण्यै नमः

ওঁ সন্তোষ দারিদ্রনাশিণ্যৈ নমঃ

oṁ santoṣ dāridranāśiṇyai namaḥ

Oṁ We bow to the Destroyer of Affliction in Satisfaction

৫১

ॐ सन्तोष परब्रह्मस्वरूपिण्यै नमः

ওঁ সন্তোষ পরব্রহ্মস্বরূপিণ্যৈ নমঃ

oṁ santoṣ parabrahmasvarūpiṇyai namaḥ

Oṁ We bow to the Intrinsic Nature of the Supreme Divinity of Satisfaction

৫২

ॐ सन्तोष आत्मतुष्टिरूपिण्यै नमः

ওঁ সন্তোষ আত্মতুষ্টিরূপিণ্যৈ নমঃ

oṁ santoṣ ātmatuṣṭirūpiṇyai namaḥ

Oṁ We bow to the Form of the Contented Soul in Satisfaction

৫৩

ॐ सन्तोष श्रीस्वरूपिण्यै नमः

ওঁ সন্তোষ শ্রীস্বরূপিণ্যৈ নমঃ

oṁ santoṣ śrīsvarūpiṇyai namaḥ

Oṁ We bow to the Intrinsic Nature of Respect in Satisfaction

৫৪

ॐ सन्तोष ह्रीयै नमः

ওঁ সন্তোষ হ্রীয়ৈ নমঃ

oṁ santoṣ hrīyai namaḥ

Oṁ We bow to she who Maintains Modesty in Satisfaction

৫৫

ॐ सन्तोष सर्वविद्यादायिण्यै नमः

ওঁ সন্তোষ সর্ববিদ্যাদায়িণ্যৈ নমঃ

oṁ santoṣ sarvavidyādāyiṇyai namaḥ

Oṁ We bow to the Giver of All Knowledge in Satisfaction

৫৬

ॐ सन्तोष भद्ररूपिण्यै नमः

ওঁ সন্তোষ ভদ্ররূপিণ্যৈ নমঃ

oṁ santoṣ bhadrarūpiṇyai namaḥ

Oṁ We bow to the Form of Excellence in Satisfaction

৫৭

ॐ सन्तोष गुह्यरूपिण्यै नमः

ওঁ সন্তোষ গুহ্যরূপিণ্যৈ নমঃ

oṁ santoṣ guhyarūpiṇyai namaḥ

Oṁ We bow to the Form of the Secret in Satisfaction

৫৮

ॐ सन्तोष पुष्ट्यै नमः

ওঁ সন্তোষ পুষ্ট্যৈ নমঃ

oṁ santoṣ puṣṭyai namaḥ

Oṁ We bow to the Nourishment of Satisfaction

৫৯

ॐ सन्तोष कृपामयै नमः

ওঁ সন্তোষ কৃপাময়ৈ নমঃ

oṁ santoṣ kṛpāmayai namaḥ

Oṁ We bow to the Manifestation of Grace in Satisfaction

৬০

ॐ सन्तोष आद्यारूपिण्यै नमः

ওঁ সন্তোষ আদ্যারূপিণ্যৈ নমঃ

oṁ santoṣ ādyārūpiṇyai namaḥ

Oṁ We bow to the Form of the Foremost in Satisfaction

৬১

ॐ सन्तोष जगतपालिण्यै नमः

ওঁ সন্তোষ জগতপালিণ্যৈ নমঃ

oṁ santoṣ jagatpāliṇyai namaḥ

Oṁ We bow to the Protector of the Perceivable Universe in Satisfaction

६२

ॐ सन्तोष सर्वमङ्गलायै नमः

ওঁ সন্তোষ সর্বমঙ্গলায়ৈ নমঃ

oṁ santoṣ sarvamaṅgalāyai namaḥ

Oṁ We bow to she who is All Welfare in Satisfaction

६३

ॐ सन्तोष सदानन्दमयै नमः

ওঁ সন্তোষ সদানন্দময়ৈ নমঃ

oṁ santoṣ sadānandamayai namaḥ

Oṁ We bow to the Manifestation of Constant Bliss in Satisfaction

६४

ॐ सन्तोष चिदानन्दमयै नमः

ওঁ সন্তোষ চিদানন্দময়ৈ নমঃ

oṁ santoṣ cidānandamayai namaḥ

Oṁ We bow to the Manifestation of the Bliss of Consciousness in Satisfaction

६५

ॐ सन्तोष पूर्णायै नमः

ওঁ সন্তোষ পূর্ণায়ৈ নমঃ

oṁ santoṣ pūrṇāyai namaḥ

Oṁ We bow to she who is Full, Complete and Perfect in Satisfaction

६६

ॐ सन्तोष एकम् ब्रह्मामयै नमः

ওঁ সন্তোষ একম্ ব্রহ্মাময়ৈ নমঃ

oṁ santoṣ ekam brahmāmayai namaḥ

Oṁ We bow to the Manifestation of the One Supreme Divinity in Satisfaction

६७

ॐ सन्तोष रक्षादायिण्यै नमः

ওঁ সন্তোষ রক্ষাদায়িণ্যৈ নমঃ

oṁ santoṣ rakṣādāyiṇyai namaḥ

Oṁ We bow to the Giver of Protection in Satisfaction

६८

ॐ सन्तोष शोभितायै नमः

ওঁ সন্তোষ শোভিতায়ৈ নমঃ

oṁ santoṣ śobhitāyai namaḥ

Oṁ We bow to she who Shines with Satisfaction

६९

ॐ सन्तोष पूर्णप्रकाशिण्यै नमः

ওঁ সন্তোষ পূর্ণপ্রকাশিণ্যৈ নমঃ

oṁ santoṣ pūrṇaprakāśiṇyai namaḥ

Oṁ We bow to she who Completely Illuminates with Satisfaction

৭০

ॐ सन्तोष यशश्विण्यै नमः
ওঁ সন্তোষ যশশ্বিণ্যৈ নমঃ
oṁ santoṣ yaśaśviṇyai namaḥ
Oṁ We bow to she who is the Welfare of Satisfaction

৭১

ॐ सन्तोष धर्मधारिण्यै नमः
ওঁ সন্তোষ ধর্মধারিণ্যৈ নমঃ
oṁ santoṣ dharmadhāriṇyai namaḥ
Oṁ We bow to she who Supports the Ideals of Perfection in Satisfaction

৭২

ॐ सन्तोष प्राणायै नमः
ওঁ সন্তোষ প্রাণায়ৈ নমঃ
oṁ santoṣ prāṇāyai namaḥ
Oṁ We bow to she who is the Inhaled Breath of Satisfaction

৭৩

ॐ सन्तोष अपनायै नमः
ওঁ সন্তোষ আপনায়ৈ নমঃ
oṁ santoṣ apanāyai namaḥ
Oṁ We bow to she who is the Exhaled Breath of Satisfaction

৭৪

ॐ सन्तोष व्यानायै नमः

ওঁ সন্তোষ ব্যানায়ৈ নমঃ

oṁ santoṣ vyānāyai namaḥ

Oṁ We bow to she who is the Involuntary Expulsion of Air of Satisfaction

৭৫

ॐ सन्तोष उदानायै नमः

ওঁ সন্তোষ উদানায়ৈ নমঃ

oṁ santoṣ udānāyai namaḥ

Oṁ We bow to she who is the Raising Breath of Satisfaction

৭৬

ॐ सन्तोष समानायै नमः

ওঁ সন্তোষ সমানায়ৈ নমঃ

oṁ santoṣ samānāyai namaḥ

Oṁ We bow to she who is the Equalized or Restrained Breath of Satisfaction

৭৭

ॐ सन्तोष पञ्चवायुमयै नमः

ওঁ সন্তোষ পঞ্চবায়ুময়ৈ নমঃ

oṁ santoṣ paṅcāvāyumayai namaḥ

Oṁ We bow to she who is the Manifestation of the Five Vital Breaths of Satisfaction

৭৮

ॐ सन्तोष कल्याणकारिण्यै नमः
ওঁ সন্তোষ কল্যাণকারিণ্যৈ নমঃ
oṁ santoṣ kalyāṇakāriṇyai namaḥ
Oṁ We bow to she who is the Cause of Welfare of Satisfaction

৭৯

ॐ सन्तोष धनैश्वर्यै नमः
ওঁ সন্তোষ ধনৈশ্বর্যৈ নমঃ
oṁ santoṣ dhanaiśvaryai namaḥ
Oṁ We bow to she who is the Supreme Goddess of Giving of Satisfaction

৮০

ॐ सन्तोष विजयायै नमः
ওঁ সন্তোষ বিজয়ায়ৈ নমঃ
oṁ santoṣ vijayāyai namaḥ
Oṁ We bow to she who is the Conquest of Satisfaction

৮১

ॐ सन्तोष श्रीबुद्धिदायै नमः
ওঁ সন্তোষ শ্রীবৃদ্ধিদায়ৈ নমঃ
oṁ santoṣ śrībuddhidāyai namaḥ
Oṁ We bow to she who is the Giver of Respected Knowledge in Satisfaction

८२

ॐ सन्तोष दूर्गतिनाशिण्यै नमः
ওঁ সন্তোষ দূর্গতিনাশিণ্যৈ নমঃ

oṁ santoṣ dūrgatināśiṇyai namaḥ

Oṁ We bow to she who is the Destroyer of All Obstacles in Satisfaction

८३

ॐ सन्तोष कृतिदायै नमः
ওঁ সন্তোষ কৃতিদায়ৈ নমঃ

oṁ santoṣ kṛtidāyai namaḥ

Oṁ We bow to she who is the Giver of All Actions to Satisfaction

८४

ॐ सन्तोष सर्वाभीष्ठै नमः
ওঁ সন্তোষ সর্বাভীষ্ঠৈ নমঃ

oṁ santoṣ sarvābhīṣṭhai namaḥ

Oṁ We bow to she who is the Sum Total of the Parts of Satisfaction

८५

ॐ सन्तोष नित्यायै नमः
ওঁ সন্তোষ নিত্যায়ৈ নমঃ

oṁ santoṣ nityāyai namaḥ

Oṁ We bow to she who is Eternally in Satisfaction

৮৬

ॐ सन्तोष दिव्यायै नमः

ওঁ সন্তোষ দিব্যায়ৈ নমঃ

oṁ santoṣ divyāyai namaḥ

Oṁ We bow to she who is the Divinity of Satisfaction

৮৭

ॐ सन्तोष दयायै नमः

ওঁ সন্তোষ দয়ায়ৈ নমঃ

oṁ santoṣ dayāyai namaḥ

Oṁ We bow to she who is the Giver of Compassion in Satisfaction

৮৮

ॐ सन्तोष महामायायै नमः

ওঁ সন্তোষ মহামায়ায়ৈ নমঃ

oṁ santoṣ mahāmāyāyai namaḥ

Oṁ We bow to she who is the Great Measurement of Consciousness in Satisfaction

৮৯

ॐ सन्तोष मायायै नमः

ওঁ সন্তোষ মায়ায়ৈ নমঃ

oṁ santoṣ māyāyai namaḥ

Oṁ We bow to she who is the Measurement of Satisfaction

১০

ॐ सन्तोष स्वरूपायै नमः

ওঁ সন্তোষ স্বরূপায়ৈ নমঃ

oṁ santoṣ svarūpāyai namaḥ

Oṁ We bow to she who is the Intrinsic Nature of Satisfaction

১১

ॐ सन्तोष धनायै नमः

ওঁ সন্তোষ ধনায়ৈ নমঃ

oṁ santoṣ dhanāyai namaḥ

Oṁ We bow to she who is the Wealth of Satisfaction

১২

ॐ सन्तोष निर्मलबुद्धिदायै नमः

ওঁ সন্তোষ নির্মলবুদ্ধিদায়ৈ নমঃ

oṁ santoṣ nirmalabuddhidāyai namaḥ

Oṁ We bow to she who gives Immaculate Intelligence in Satisfaction

১৩

ॐ सन्तोष सत्त्व गुणायै नमः

ওঁ সন্তোষ সত্ত্ব গুণায়ৈ নমঃ

oṁ santoṣ sattva guṇāyai namaḥ

Oṁ We bow to she who has the Quality of Truth in Satisfaction

९४

ॐ सन्तोष तम गुणायै नमः
ওঁ সন্তোষ তম গুণায়ৈ নমঃ
oṁ santoṣ tama guṇāyai namaḥ
Oṁ We bow to she who has the Quality of Darkness in Satisfaction

९५

ॐ सन्तोष रजो गुणायै नमः
ওঁ সন্তোষ রজো গুণায়ৈ নমঃ
oṁ santoṣ rajo guṇāyai namaḥ
Oṁ We bow to she who has the Quality of Activity in Satisfaction

९६

ॐ सन्तोष त्रिलोकपालिण्यै नमः
ওঁ সন্তোষ ত্রিলোকপালিণ্যৈ নমঃ
oṁ santoṣ trilokapāliṇyai namaḥ
Oṁ We bow to she who is the Protector of the Three Worlds in Satisfaction

९७

ॐ सन्तोष यशोदायिण्यै नमः
ওঁ সন্তোষ যশোদায়িণ্যৈ নমঃ
oṁ santoṣ yaśodāyiṇyai namaḥ
Oṁ We bow to she who is the Giver of Welfare in Satisfaction

৯৮

ॐ सन्तोष आनन्ददायिण्यै नमः

ওঁ সন্তোষ আনন্দদায়িণ্যৈ নমঃ

oṁ santoṣ ānandadāyiṇyai namaḥ

Oṁ We bow to she who is of the Bliss of Satisfaction

৯৯

ॐ सन्तोष अभय दायिण्यै नमः

ওঁ সন্তোষ অভয় দায়িণ্যৈ নমঃ

oṁ santoṣ abhaya dāyiṇyai namaḥ

Oṁ We bow to she who is of Freedom from Fear in Satisfaction

১০০

ॐ सन्तोष मित्रायै नमः

ওঁ সন্তোষ মিত্রায়ৈ নমঃ

oṁ santoṣ mitrāyai namaḥ

Oṁ We bow to she who is the Friend of Satisfaction

১০১

ॐ सन्तोष लक्ष्मीरूपिण्यै नमः

ওঁ সন্তোষ লক্ষ্মীরূপিণ্যৈ নমঃ

oṁ santoṣ lakṣmīrūpiṇyai namaḥ

Oṁ We bow to she who is the Form of the Goddess of Wealth in Satisfaction

१०२

ॐ सन्तोष वेदविद्यायै नमः

ওঁ সন্তোষ বেদবিদ্যায়ৈ নমঃ

oṁ santoṣ vedavidyāyai namaḥ

Oṁ We bow to she who is the Knowledge of the Wisdom of Satisfaction

१०३

ॐ सन्तोष श्रद्धारूपिण्यै नमः

ওঁ সন্তোষ শ্রদ্ধারূপিণ্যৈ নমঃ

oṁ santoṣ śraddhārūpiṇyai namaḥ

Oṁ We bow to she who is the Form of Faith in Satisfaction

१०४

ॐ सन्तोष मेधायै नमः

ওঁ সন্তোষ মেধায়ৈ নমঃ

oṁ santoṣ medhāyai namaḥ

Oṁ We bow to she who is the Intellect of Love in Satisfaction

१०५

ॐ सन्तोष सर्वशक्तिरूपायै नमः

ওঁ সন্তোষ সর্বশক্তিরূপায়ৈ নমঃ

oṁ santoṣ sarvaśaktirūpāyai namaḥ

Oṁ We bow to the Form of All Energy in Satisfaction

१०६

ॐ सन्तोष महाविद्यायै नमः

ওঁ সন্তোষ মহাবিদ্যায়ৈ নমঃ

oṁ santoṣ mahāvidyāyai namaḥ

Oṁ We bow to she who is the Great Knowledge of Satisfaction

१०७

ॐ सन्तोष भक्तवत्सलायै नमः

ওঁ সন্তোষ ভক্তবৎসলায়ৈ নমঃ

oṁ santoṣ bhaktavatsalāyai namaḥ

Oṁ We bow to she who is the Nourisher of Devotees in Satisfaction

१०८

ॐ सन्तोष विश्ववरदायिण्यै नमः

ওঁ সন্তোষ বিশ্ববরদায়িণ্যৈ নমঃ

oṁ santoṣ viśvavaradāyiṇyai

Oṁ We bow to she who gives the blessing of Satisfaction to the universe

सेन्तोषी माँ की आरती
santoṣī māṁ̐ kī āratī
Be Victorious!

जय सेन्तोषी माँ जय जय (माँ) जय सेन्तोषी माँ जय जय
भयहारिणि भवतारिणि भवभामिनि जय जय
ॐ जय सेन्तोषी माँ जय जय

জয় সন্তোষী মাঁ জয় জয় (মাঁ) জয় সন্তোষী মাঁ জয় জয়
ভয়হারিণি ভবতারিণি ভবভামিনি জয় জয়
ওঁ জয় সন্তোষী মাঁ জয় জয়

jaya santoṣī māṁ̐ jaya jaya (māṁ̐) jaya santoṣī māṁ̐ jaya jaya
bhaya hāriṇi bhava tāriṇi (2)
bhava bhāmini jaya jaya
oṁ jaya santoṣī māṁ̐ jaya jaya

Be Victorious! Oh Goddess Who Tears Apart Thought! Be Victorious! You take away all fear and illuminate the intensity of reality. Be Victorious!

- 1 -

तू ही सत-चित-सुखमय शुद्ध ब्रह्मरूपा (माँ)
सत्य सनातन सुन्दर पर-शिव सूर-भूपा
ॐ जय सेन्तोषी माँ जय जय

তূ হী সত-চিত-সুখময় শুদ্ধ ব্রহ্মরূপা (মাঁ)
সত্য সনাতন সুন্দর পর-শিব সূর-ভূপা
ওঁ জয় সন্তোষী মাঁ জয় জয়

tū hī sata cita sukhamaya śuddha brahmarūpā (mām̐)
satya sanātana sundara (2) para śiva sūra bhūpā
oṁ jaya santoṣī mām̐ jaya jaya

You are the essence of Truth, Consciousness, Happiness, the form of Pure Conscious Being. You are the beauty of Eternal Truth. Beyond infinite goodness, you rule over all the Gods. Be Victorious!

- 2 -

आदि् अनादि् अनामय अविचल अविनाशी (माँ)
अमल अनन्त अगोचर अज आनन्द्राशी
ॐ जय सेन्तोषी माँ जय जय

আদি অনাদি অনাময় অবিচল অবিনাশী (মাঁ)
অমল অনন্ত অগোচর অজ আনন্দরাশী
ওঁ জয় সন্তোষী মাঁ জয় জয়

ādi anādi anāmaya avicala avināśī (mām̐)
amala ananta agocara (2) aja ānandarāśī
oṁ jaya santoṣī mām̐ jaya jaya

The beginning, without beginning, unseverable; motionless and indestructible; Bright, infinite, imperceptible, unborn, the great collection of Bliss. Be Victorious!

- 3 -

अविकारी अघहारी अकल कलाधारी (माँ)
कर्त्ता विधि भर्त्ता हरि हर सँहारकारी
ॐ जय सेन्तोषी माँ जय जय

অবিকারী অঘহারী অকল কলাধারী (মাঁ)
কর্ত্তা বিধি ভর্ত্তা হরি হর সঁহারকারী
ওঁ জয় সন্তোষী মাঁ জয় জয়

avikārī aghahārī akala kalādhārī (mām̐)
karttā vidhi bharttā hari (2) hara saṁhārakārī
oṁ jaya santoṣī mām̐ jaya jaya

Changeless, holy One, sinless, bearer of individual phenomena; created by Brahmā, sustained by Viṣṇu, and Śiva who dissolves this creation. Be Victorious!

- 4 -

तू विधि वधू रमा तू उमा महामाया (माँ)
मूलप्रकृति विद्या तू तू जननी जाया
ॐ जय सेन्तोषी माँ जय जय

তু বিধি বধূ রমা তু উমা মহামায়া (মাঁ)
মূলপ্রকৃতি বিদ্যা তু তু জননী জায়া
ওঁ জয় সন্তোষী মাঁ জয় জয়

tū vidhi vadhū ramā tū umā mahā māyā (mām̐)
mūlaprakṛti vidyā tū (2) tū jananī jāyā
oṁ jaya santoṣī mām̐ jaya jaya

You are the wife of Brahmā, the wife of Viṣṇu (Ramā), the wife of Śiva (Umā), the Great Measurement of Consciousness. You are the knowledge of primordial existence, the Mother who gives birth to all. Be Victorious!

- 5 -

राम कृष्ण तू सीता ब्रजरानी राधा (माँ)
तू वाञ्छाकल्पद्रुम हारिणि सब बाधा
ॐ जय सेन्तोषी माँ जय जय

রাম কৃষ্ণ তু সীতা ব্রজরানী রাধা (মাঁ)
তু বাঞ্ছাকল্পদ্রুম হারিণি সব বাধা
ওঁ জয় সন্তোষী মাঁ জয় জয়

rāma kṛṣṇa tū sītā brajarānī rādhā (māṁ)
tū vāñchā kalpadruma (2) hāriṇi saba bādhā
oṁ jaya santoṣī māṁ jaya jaya

You are the consciousness of the subtle light of wisdom that merges with the ultimate. You are the Doer of All. You are Sītā, the pure white one, the Queen of the multitude; Rādhā, the Ruler of all success. You are the desire of the wish-fulfilling tree, taking away all obstructions. Be Victorious!

- 6 -

दश विद्या नव दुर्गा नानाशस्त्रकरा (माँ)
अष्टमातृका योगिनि नव नव रूप धरा
ॐ जय सेन्तोषी माँ जय जय

দশ বিদ্যা নব দুর্গা নানাশস্ত্রকরা (মাঁ)
অষ্ট মাতৃকা য়োগিনি নব নব রূপ ধরা
ওঁ জয় সন্তোষী মাঁ জয় জয়

daśa vidyā nava durgā nānāśastra karā (māṁ)
aṣṭa mātṛkā yogini (2) nava nava rūpa dharā
oṁ jaya santoṣī māṁ jaya jaya

You are the ten branches of knowledge (Mahā Vidyās) and the nine Relievers of Difficulties (nine Durgās). All of the scriptures present you. The eight Mothers of union. Various are the forms that you assume. Be Victorious!

- 7 -

तू परधामनिवासिनि महाविलासिनि तू (माँ)
तु ही श्मशानविहारिणि ताण्डवलासिनि तू
ॐ जय सेन्तोषी माँ जय जय

তূ পরধামনিবাসিনি মহাবিলাসিনি তূ (মাঁ)
তূ হী শ্মশানবিহারিণি তাণ্ডবলাসিনি তূ
ওঁ জয় সন্তোষী মাঁ জয় জয়

tū paradhāma nivāsini mahā vilāsini tū (māṁ)
tū hī śmaśāna vihāriṇi (2) tāṇḍavalāsini tū
oṁ jaya santoṣī māṁ jaya jaya

You are the inhabitant of the highest residence. Yours is the greatest beauty. You wander about the cremation grounds dancing to the rhythmic music. Be Victorious!

- 8 -

सुर मुनि मोहिनि सौम्या तू शोभाऽऽधारा (माँ)
विवसनविकट-सरूपा प्रलयमयी धारा
ॐ जय सेन्तोषी माँ जय जय

সুর মুনি মোহিনি সৌম্যা তূ শোভা--ধারা (মাঁ)
বিবসনবিকট-সরূপা প্রলয়ময়ী ধারা
ওঁ জয় সন্তোষী মাঁ জয় জয়

sura muni mohini saumyā tū śobhā--dhārā (māṁ)
vivasana vikaṭ sarūpā (2) pralaya mayī dhārā
oṁ jaya santoṣī māṁ jaya jaya

You mesmerize the Gods and munis when you present your radiant beauty. All are helpless seeing your dreadful appearance at the time when you assume the form of total dissolution. Be Victorious!

- 9 -

तू ही स्नेह-सुधामयि तू अति गरलमना (माँ)
रक्तविभूषित तू ही तू ही अस्थि तना
ॐ जय सेन्तोषी माँ जय जय

তু হী স্নেহ-সুধাময়ি তু অতি গরলমনা (মাঁ)
রত্নবিভূষিত তু হী তু হী অস্থি তনা
ওঁ জয় সন্তোষী মাঁ জয় জয়

tū hī sneha sudhāmayi tū ati garalamanā (mām̐)
ratna vibhūṣita tū hī (2) tū hī asthi tanā
oṁ jaya santoṣī mām̐ jaya jaya

You pervade Love and ease. You are extremely eminent. You are the Brilliance of the jewel. You are the invisible existence. Be Victorious!

- 10 -

मूलाधारनिवासिनि इह पर सिद्धि प्रदे (माँ)
कालातीता काली कमल तू वरदे
ॐ जय सेन्तोषी माँ जय जय

মূলাধারনিবাসিনি ইহ পর সিদ্ধি প্রদে (মাঁ)
কালাতীতা কালী কমল তু বরদে
ওঁ জয় সন্তোষী মাঁ জয় জয়

mūlādhāra nivāsini iha para siddhi prade (mām̐)
kālātītā kālī (2) kamala tū varade
oṁ jaya santoṣī mām̐ jaya jaya

You reside in the Mūlādhāra Chakra. You grant the highest attainment in this world. At the appointed time you are Kālī, the Remover of Darkness, and as the Lotus One you grant blessings. Be Victorious!

- 11 -

शक्ति शक्तिधर तू ही नित्य अभेदमयी (माँ)
भेदप्रदर्शिनि वाणी विमले वेदत्रयी
ॐ जय सेन्तोषी माँ जय जय

শক্তি শক্তিধর তূ হী নিত্য অভেদময়ী (মাঁ)
ভেদপ্রদর্শিনি বাণী বিমলে বেদত্রয়ী
ওঁ জয় সন্তোষী মাঁ জয় জয়

śakti śakti dhara tū hī nitya abheda mayī (mām̐)
bheda pradarśini vāṇī (2) vimale vedatrayī
oṁ jaya santoṣī mām̐ jaya jaya

You are every form of energy, the eternal undistinguishable essence, the vibration that exposes change and distinction, and the spotlessly pure three Vedas. Be Victorious!

- 12 -

हम अति दीन दुखी माँ विपत-जाल घेरे (माँ)
हैं कपूत अति कपटी पर बालक तेरे
ॐ जय सेन्तोषी माँ जय जय

হম অতি দীন দুখী মাঁ বিপত-জাল ঘেরে (মাঁ)
হৈং কপূত অতি কপটী পর বালক তেরে
ওঁ জয় সন্তোষী মাঁ জয় জয়

ham ati dīna dukhī mām̐ vipat jāla ghere (mām̐)
haiṁ kapūt ati kapaṭī (2) para bālaka tere
oṁ jaya santoṣī mām̐ jaya jaya

For so many days we have been in pain, Maa. We are bound by adversities and suffering. We are negligent and insincere, but still we are your children. Be Victorious!

- 13 -

निज स्वभाववश जननी दया दृष्टि कीजै (माँ)
करुणा कर करुणामयि चरण-शरण दीजै
ॐ जय सेन्तोषी माँ जय जय

নিজ স্বভাববশ জননী দয়া দৃষ্টি কীজৈ (মাঁ)

করুণা কর করুণাময়ি চরণ-শরণ দীজৈ

ওঁ জয় সন্তোষী মাঁ জয় জয়

nija svabhāva vaśa jananī dayā dṛṣṭi kījai (māṁ)
karuṇā kara karuṇā mayi (2) caraṇa śaraṇa dījai
oṁ jaya santoṣī māṁ jaya jaya

Endow us with your very own nature, Mother. Give us your mercy, Oh Merciful Mother! Give us the refuge of your lotus feet. Be Victorious!

जय सेन्तोषी माँ जय जय (माँ) जय सेन्तोषी माँ जय जय

भयहारिणि भवतारिणि भवभामिनि जय जय

ॐ जय सेन्तोषी माँ जय जय

জয় সন্তোষী মাঁ জয় জয় (মাঁ) জয় সন্তোষী মাঁ জয় জয়

ভয়হারিণি ভবতারিণি ভবভামিনি জয় জয়

ওঁ জয় সন্তোষী মাঁ জয় জয়

jaya santoṣī māṁ jaya jaya (māṁ) jaya santoṣī māṁ jaya jaya
bhaya hāriṇi bhava tāriṇi (2)
bhava bhāmini jaya jaya
oṁ jaya santoṣī māṁ jaya jaya

Be Victorious! Oh Goddess Who Tears Apart Thought! Be Victorious! You take away all fear and illuminate the intensity of reality. Be Victorious!

puṣpāñjalī

offer flowers

सर्वमङ्गल मङ्गल्ये शिवे सर्वार्थ साधिके ।
शरण्ये त्र्यम्बके गौरि नारायणि नमोऽस्तु ते ॥
সর্বমঙ্গল মঙ্গল্যে শিবে সর্বার্থ সাধিকে ।
শরণ্যে ত্র্যম্বকে গৌরি নারায়ণি নমো-স্তু তে ।।

sarvamaṅgala maṅgalye śive sarvārtha sādhike
śaraṇye tryambake gauri nārāyaṇi namo-stu te

To the Auspicious of all Auspiciousness, to the Good, to the Accomplisher of all Objectives, to the Source of Refuge, to the Mother of the Three Worlds, to the Goddess Who Is Rays of Light, Exposer of Consciousness, we bow to you.

सृष्टिस्थितिविनाशानां शक्तिभूते सनातनि ।
गुणाश्रये गुणमये नारायणि नमोऽस्तु ते ॥
সৃষ্টিস্থিতিবিনাশানাং শক্তিভূতে সনাতনি ।
গুণাশ্রয়ে গুণময়ে নারায়ণি নমো-স্তু তে ।।

sṛṣṭisthitivināśānāṁ śaktibhūte sanātani
guṇāśraye guṇamaye nārāyaṇi namo-stu te

You are the Eternal Energy of Creation, Preservation and Destruction in all existence; that on which all qualities depend, that which limits all qualities, Exposer of Consciousness, we bow to you.

शरणागतदीनार्त परित्राण परायणे ।
सर्वस्यार्ति हरे देवि नारायणि नमोऽस्तु ते ॥
শরণাগতদীনার্ত পরিত্রাণ পরায়ণে ।
সর্বস্যার্তি হরে দেবি নারায়ণি নমো-স্তু তে ।।

śaraṇāgatadīnārta paritrāṇa parāyaṇe
sarvasyārti hare devi nārāyaṇi namo-stu te

For those who are devoted to you and take refuge in you, you save from all discomfort and unhappiness. All worry you take away, Oh Goddess, Exposer of Consciousness, we bow to you.

www.ingramcontent.com/pod-product-compliance
Lightning Source LLC
Chambersburg PA
CBHW021113080526
44587CB00010B/502
9781877795091